W0178197

Karlheinz Binder

Im Vertrauen gesagt

Gedanken eines Managers

R. BROCKHAUS VERLAG WUPPERTAL

© 1998 R. Brockhaus Verlag Wuppertal
Umschlag: Dietmar Reichert, Dormagen
Satz: Graphische Werkstätten Lehne GmbH, Grevenbroich
Druck und Bindung: AiT Gruppen, Norwegen
ISBN 3-417-24680-6
Bestell-Nr. 224 680

INHALT

Sicht null

Ich schaltete die Scheinwerfer aus, stellte Scheibenwischer und Motor ab, schloss die Wagentür und ging
durch den grauen Nieselregen hinüber zum Gebäude
des kleinen Regional-Flughafens.

»Ein trostloser Morgen«, sagte mein Kollege Weber
zu mir, als wir uns im Warteraum trafen.

Ich nickte.

Der Kopilot holte uns ab und führte uns zu der
zweimotorigen Reisemaschine, die uns zur Sitzung
nach Saarbrücken fliegen sollte.

Der Pilot saß schon im Cockpit, und als wir ein-
stiegen, drehte er sich zu uns um: »Bitte bleiben Sie
nachher die ganze Zeit angeschnallt, es wird ein bisschen unruhig und schaukelig werden. Wir dürfen
heute nicht über 8000 Fuß, weil weiter oben Manöver
sind.«

Er ließ den Vorhang zum Passagierraum offen, und
ich konnte von meinem Platz aus zusehen und zuhören,
wie sie die Checkliste durchgingen. Sie starteten die
beiden Triebwerke, setzten die Klappen und rollten
zum Start.

Wir hatten kaum abgehoben, da waren wir schon
mitten in der geschlossenen Wolkendecke, Sicht
null.

Ich sah angestrengt aus dem Fenster und konnte noch nicht einmal mehr das Ende der Tragfläche erkennen, nur den gedämpften, rhythmisch aufzuckenden Widerschein der Begrenzungsleuchte.

»Möchten Sie einen Kaffee?«, fragte uns einer der beiden Flugzeugführer und zeigte mit dem Finger auf den Automaten, der seine Lieferbereitschaft durch ein rotes Kontroll-Licht kundtat.

»Nein danke«, riefen Weber und ich völlig simultan, und wir lachten noch nicht einmal dabei.

Auf dem Radarschirm wanderte der schmale Suchstrahl wie ein Scheibenwischer unablässig hin und her und hinterließ bizarre Konturen und in ihnen helle Punkte. Ob das wohl die Militärmaschinen weiter oben waren? Und ob sie auch uns in der Ortung hatten?

Wir erreichten die vorgeschriebene Höhe und gingen in den Horizontalflug über. Draußen war noch immer absolut nichts zu erkennen, nur graue Düsternis, aus der die Nässe waagrechte Regenbahnen über die Fenster zog. Im Bordlautsprecher, den die Piloten eingeschaltet hatten, meldete sich die frequenzverzerrte Stimme eines Fluglotsen und gab für mich nicht verstehbare Anweisungen. Die Maschine legte sich spürbar auf die Seite, änderte den Kurs, und immer wieder kamen neue Instruktionen.

Ich hatte jede Orientierung verloren, für rechts und links, oben und unten. Nach meinem Gefühl flogen wir eine Kurve nach der anderen, und dann kamen die ersten Turbulenzen. Unvermittelt und heftig.

Weber zog seine Jacke aus, schnallte sich wieder an und verkrampfte sich in seine Konferenz-Unterlagen. Ob er Angst hatte?

Da sind unter deinen Füßen ein paar Spanten, wenige Millimeter Aluminium und dann runde 2500 Meter nichts, überlegte ich. Über uns superschnelle Jäger, um uns herum totale Sichtlosigkeit und in mir ein gegen die Schaukelei ankämpfender Magen und das beklemmende Gefühl des hilflosen Ausgeliefertseins. Wenn auch in Saarbrücken die Wolken bis fast auf den Boden reichten, würden wir überhaupt die Landebahn finden?

Vor ein paar Jahren hatte es in einer Illustrierten die Serie gegeben: »Runter kommen sie immer.« Ich fing an, mich an Einzelheiten aus den Tatsachenberichten zu erinnern. Immer wieder musste man feststellen: Das schwächste Glied in der Kette der Absicherungen war der Mensch selber. Ob die zwei da vorn überhaupt noch wussten, wo wir waren?

Wenn man wenigstens etwas sehen könnte! Einen Horizont hätte, auf den hin Orientierung möglich wäre. Irgendeinen festen Punkt, an den sich Auge, Gleichgewichtsgefühl und Zuversicht klammern könnten.

Das Flugzeug stieß steil nach unten. Ich hörte die Elektromotoren der Landeklappen summen, das Fahrwerk polterte aus dem Schacht, in ungefähr 200 Meter Höhe kamen wir aus den Wolken, und genau vor uns lagen die beiden langen Lampenreihen der Rollbahnbegrenzung.

Als die Triebwerke stillstanden, kam der Pilot zu uns nach hinten, betrachtete lächelnd unsere blassen Nasen und gab uns wortlos die Hand.

Auf der Fahrt in die Stadt setzte ich mich hinten ins Taxi, schloss die Augen und dachte nach. Wie oft hatte es in meinem Leben ähnliche Situationen gegeben. Ereignisse, die Ratlosigkeit und Angst in meine routinierte Sicherheit einbrechen ließen. Wo ich im Augenblick keine Lösung sah, nicht den berühmten Silberstreif am Horizont, nur perspektivlose Finsternis, Sicht null.

Dem Propheten Jesaja war es genauso ergangen, bis an die Grenze der Verzweiflung, und mitten in einer solchen Phase hatte er niedergeschrieben: »Der im Finsteren wandelt und es scheint ihm kein Licht, der hoffe auf den Namen des Herrn und verlasse sich auf seinen Gott.« Woher nahm er diese Zuversicht? Aus seinem unbedingten Vertrauen zu Gott? Erinnerte er sich dabei an König Davids Sätze aus dem Psalm 139?

»Herr, du durchschaust mich, du kennst mich durch und durch. Ob ich sitze oder stehe, du weißt es. Du kennst alle meine Pläne. Ob ich tätig bin oder ausruhe, du siehst mich. Jeder Schritt, den ich mache, ist dir bekannt. Noch ehe ein Wort mir auf die Zunge kommt, hast du, Herr, es schon gehört. Von allen Seiten umgibst du mich, ich bin ganz in deiner Hand.«

Und ein paar Zeilen weiter: »Steige ich hinauf in den Himmel: Du bist da. Fliege ich dorthin, wo die Sonne aufgeht, oder zum Ende des Meeres, wo sie versinkt:

Auch dort wird deine Hand nach mir greifen, auch dort lässt du mich nicht los … Durchforsche mich, Gott, sieh mir ins Herz, prüfe meine Wünsche und Gedanken. Und wenn ich in Gefahr bin, mich von dir zu entfernen, dann bring mich zurück auf den Weg zu dir.«

Danke Jesaja, danke David für solche Worte, obwohl ihr nie nach Saarbrücken geflogen seid.

Freundlicher Morgengruß

»Gut, dass ich Sie gerade treffe«, sagte der Chef, hakte mich unter und zog mich in sein Büro. Er setzte sich, hielt mir mit einem freundlichen Lächeln die Kiste mit den kostbaren Zigarren hin, deren Bestand ich allerdings mit einem ebenso freundlichen Lächeln dankend verschonte, und dann zündete er mit bedächtigem Ritual eine davon an. Die Art und Weise, in der das alles geschah, ließ mich ahnen: Da gab es irgendein Problem, und er suchte einen Anfang.

»Ich habe mich«, sprach er nach längerem Schweigen in die duftende Rauchwolke hinein, »ich habe mich gestern über Weber geärgert. Was heißt ›ich habe‹, ich ärgere mich immer noch über ihn.«

»Was ist passiert?«, fragte ich und beugte mich aufmerksam nach vorn.

»Da war der Besuch von Sven Jacobsen, unserem wichtigsten Gesprächspartner aus Skandinavien mit seinen Ingenieuren. Sie wollten unsere neue Fabrikationsanlage in Halle 3 sehen, und ich hatte Weber gebeten, uns dabei zu begleiten. Jacobsen fragte mich nach ein paar Daten, und als ich sie ihm sagte, fiel Weber mir ins Wort, widerlegte mich in einem Punkt, referierte ausführlich über die Technik, das System, die Kapazität, die Kosten. Darunter Fakten, die unsere

Gäste überhaupt nichts angingen. Er bootete mich einfach aus. Es war richtig peinlich. Und als Jacobsen mich auch noch so komisch über seinen Brillenrand hinweg ansah, bekam ich die Wut.

Sagen Sie selbst, muss ich mir das bieten lassen? Schließlich bin ich der Chef hier und kann doch wohl erwarten, dass so etwas respektiert wird, auch und besonders von meinen Direktoren.«

»Ich werde mit Weber reden, ganz kollegial und ganz deutlich, damit so etwas nie wieder passiert«, antwortete ich.

Der Boss nickte, gab mir die Hand, und ich ging.

Weber saß in seinem Büro und unterschrieb gerade die Ausgangspost. Ich informierte ihn über die Sachlage und die Stimmung des Chefs. »Morgen früh«, schlug ich ihm vor, »melden Sie sich beim Alten, sagen ihm, dass Sie zur Kopfwäsche angetreten sind und es auch verdient haben, und dann entschuldigen Sie sich bei ihm in angemessener, zerknirschter Weise, o.k.?«

»O Mann«, knurrte Weber, »so schlimm war es ja nun wirklich gestern nicht, in seinem Job müsste er eigentlich robuster sein.«

Ich schüttelte den Kopf: »Es kommt nicht darauf an, wie Sie das sehen, sondern was Ihr Verhalten angerichtet hat. Und außerdem: Sie werden mit diesem Mann noch etliche Jahre zusammen im gleichen Geschirr gehen müssen, denn schließlich gehört ja ihm hier der ganze Laden, oder?«

»Also gut«, seufzte Weber, »ich mach ihn, den Gang nach Canossa.«

Von meinem Büro aus rief ich den Chef an: »Morgen Vormittag meldet sich Weber bei Ihnen, barfuß und mit Asche auf dem Haupt. Er braucht Ihre Gnade.« »Danke«, sagte er, »ich werde es ihm nicht zu leicht machen, aber meine Absolution kriegt er.«

Anderntags, kurz nach zwölf Uhr, sah ich Weber beim Mittagessen im Casino. Sein Gesicht war heiter. Ich war richtig froh, dass alles wieder im Lot schien, und fragte: »Na, wie war die Reaktion vom Chef?«

»Ich habe nicht mit ihm gesprochen.«

»Wie bitte?«

»Also«, sagte Weber ganz entspannt, »das erwies sich als nicht mehr nötig. Gegen neun sah ich ihn zufällig in der Eingangshalle, und als ich ihm ›Guten Morgen‹ wünschte, hat er ganz freundlich zurückgegrüßt. Ich weiß gar nicht, was Sie eigentlich wollen. Alles in Butter!«

Ich goss ganz langsam Milch in meinen Kaffee, rührte wortlos und bedächtig um und überlegte: So sind wir Menschen, genau so – ob sie nun Berthold Weber oder Karlheinz Binder heißen. Wir machen Fehler, verletzen andere, laden Schuld auf uns, haben dabei manchmal sogar ein schlechtes Gewissen und aus ihm heraus die Bereitschaft, das zu beheben, Buße zu tun, um Verzeihung zu bitten. Aber kaum zeigt sich das geringste Zeichen, aus dem wir deuten könnten, alles käme auch so schon wieder in Ordnung, fälschen wir den Anschein um zur Tatsache und tun, als sei alles erledigt, vergeben und vergessen.

Woher kommt ein solcher Mechanismus? Ist unser Unrechtsbewusstsein verkrüppelt? Ist unser Schuldempfinden abgestorben? Sind wir zu feige, uns zu stellen, und nutzen jede Möglichkeit zum Verdrängen? Sind wir nicht mutig genug, um Vergebung zu bitten? Mangelt es uns an Demut gegenüber dem anderen?

Und, dachte ich weiter, verhalten wir uns nicht Gott gegenüber genauso? Ignorieren Tag für Tag sein Wort, steuern autonom unseren eigenen Kurs, bevormunden und kritisieren ihn, geben ihm nicht die Ehre, die ihm zukommt, als unserem allerhöchsten Chef?

Werden wir nicht immer und immer wieder schuldig vor ihm, weil wir weder seine Gebote achten noch seine angebotene Versöhnung?

In Psalm 50 geht es um die gleiche Sachlage, und Gott sagt: »Weil ich zu deinen Verfehlungen und Sünden bisher geschwiegen habe, meinst du, ich sei wie deinesgleichen.

Aber gib dich keinen Illusionen hin, ich werde Rechenschaft von dir verlangen für alle deine Schändlichkeiten. Höre genau zu, du, der du mich nicht mehr auf deiner Rechnung hast, und nimm dir das zu Herzen, sonst handle ich, und dann ist es für dich zu spät.«

Wäre es nicht endlich Zeit, aus unseren illusorischen Selbstrechtfertigungen aufzuwachen?

Guten Morgen!

Herbstversammlung

Einen großen Tisch hatten sie für den Verbandsvorstand vorn im Saal auf einem Podium aufgebaut. Zwölf Stühle, zwölf Namensschilder, zwölf Flaschen Mineralwasser der edlen Art und zwölf Gläser dazu.

Nach einer ausgedehnten Zeremonie und dem Fragen: »Wie geht es?«, hatten dann endlich alle ihren Platz eingenommen, die einen auf den erhöhten Amtsplätzen, die anderen im Parkett, und der Vorsitzende eröffnete die Sitzung.

Es gab keine besonderen Tagesordnungspunkte. Neu- oder Nachwahlen standen ebenfalls nicht an, wohl aber die ausführlichen Berichte der Projektgruppenleiter über Status und Entwicklung von Geschehen und Vorhaben in ihren Sachbereichen.

Mein Blick wanderte durch die Reihen der Mitglieder und ging aus dem großen Fenster des Saales in die Weite der herbstlich werdenden Landschaft. Eine schöne Aussicht, bis auf die Hochspannungsleitung, zwischen deren filigranen Eisenmasten sich die dicken Kupferkabel bauchig schwangen.

Eine Vogelschar kurvte heran, nahm nach mehrfachem Kreisen Platz, gruppierte sich noch zwei- oder dreimal um, bis die Hierarchie stimmte, und dann sahen sie zu uns herüber.

Ich musste mühsam mein Lächeln unterdrücken:

Wir hatten unsere Konferenz, sie die ihre. Hier aufgereiht an der langen Tafel das sorgsam geordnete Präsidium, dort aufgereiht auf dem langen Draht die sorgsam geordnete Vogelschar, ganz spiegelbildlich.
Offensichtlich ging es bei den Piepmätzen um außer-
ordentlich wichtige Dinge, denn sie nickten eifrig mit
den Köpfen, schlugen erregt mit den Schwingen, und
ich ahnte: Sie hatten ihre Herbstversammlung, die
große Diskussion über die weite, anstrengende, abenteuerliche Südland-Reise, die schon lange nicht mehr
stattfand, denn sie hatten sich abgewöhnt, unsere Ge-
filde zu verlassen. Aus den ehemaligen Zugvögeln
waren Dauerbewohner geworden. Sesshafte, die zwar
noch überaus intensiv miteinander reden und planen,
ihre Rituale gewissenhaft festhalten, scheinbar start-
bereit auf Hochspannungsdrähten sitzen, aber nicht
mehr aufbrechen in die Ferne, zu neuen Horizonten.
Ihre Mobilität steht auf Null.

Sind wir Menschen nicht in vielen Beziehungen genauso, dachte ich? Irgendwann waren wir einmal voller Tatkraft, Begeisterung, suchten neue Ufer, waren
bereit, Etabliertes, Gewohntes infrage zu stellen. Und
dann siegten die Routine, die Anpassung, der Opportunismus, die Bequemlichkeit. Aus ehemals be-
geisterten Bewegungen wurden Vereine, aus Ideen
Standpunkte, aus Dynamik Sitzfleisch, aus der Bereitschaft zum Abenteuer das Absichern, und der Wagemut pervertierte zur ängstlichen Besitzstandswahrung.

Da gibt es Politiker und Manager, die von der
Zukunft und den großen Möglichkeiten reden. Sie

diskutieren eifrig, erheben ihre Stimmen mit kühnem Klang, schlagen heftig mit den »Flügeln« und belassen es dabei.

Da gibt es Delegierte, Funktionäre, Beauftragte und Bevollmächtigte. Sie treffen sich an runden oder viereckigen Tischen nach einer wohlerwogenen Sitzordnung. Sie achten darauf, eine gute Figur zu machen, zelebrieren klug klingende Sätze vor Kameras und Mikrofonen, sprechen engagiert vom Standort Europa, fordern die anderen zum energischen Handeln auf, geben gute Ratschläge, äußern ihre hochintellektuellen Ansichten über Gott und die Welt, reden »vom Glauben an sich« und dass Leben einen Sinn haben muss. Sie schildern und erklären die Herausforderungen einer neu angebrochenen Zeit und den notwendigen und unmittelbar bevorstehenden Aufbruch zu Horizonten, so wie die Vögel dort drüben auf der Stromleitung mit ihrer bedeutenden, folgenlosen Herbstkonferenz. Unter den Füßen haben sie Hochspannung und im Herzen Trägheit.

Da hatte Jesus Christus einen Menschen angesprochen, ihm nachzufolgen. Aufzubrechen in eine Zukunft, in das Ungewohnte, Herausfordernde, in eine nie gekannte Freiheit. Die Freiheit von angestammten Klischees, Verhaltenszwängen, Schuldbelastungen. Zu einem Leben mit neuen Aufgaben und neuen Inhalten.

»Ich will ja gerne mitkommen«, war die Antwort, »aber lass mich vorher mit meiner Familie Abschied feiern.«

Und Christus sagt: »Wer seine Hand an den Pflug legt und dabei rückwärts schaut, den kann Gott nicht gebrauchen.«

Gott will keine Zauderer. Er will keine, die auf Draht sind und dennoch sitzenbleiben. Keine, die versuchen, sich in endlosen Diskussionen Klarheit zu verschaffen, ob man denn nun den Mut zur Entscheidung haben solle oder nicht. Gott will keine notorischen Bedenkenträger, keine rückwärts gewandten Vorurteilsfesthalter, keine Nesthocker, die sich immer nur ihren Puls fühlen und damit nicht mehr die Hände frei haben zum Zupacken und zum Beten.

Gott will Menschen, die sich entscheiden; bei denen er weiß, woran er mit ihnen ist. Leute, die ihr Vertrauen in Jesus Christus und seine Zusagen investieren, denn, so steht es in der Bibel: »Die auf Gott vertrauen, kriegen neue Kraft, dass sie auffahren mit Flügeln wie junge Adler.«

Sollen wir noch länger auf der langen Leitung hocken bleiben oder starten?

Nicht gesellschaftsfähig

Die Begegnung war ganz unerwartet zustande gekommen.

In der großen, feudalen Hotelhalle hatte ich ihn plötzlich gesehen, mitten in der ihn flankierenden Crew seiner engsten Mitarbeiter, ihn, den großen Konzernherrn mit dem bekannten Namen und der beispiellosen Karriere. Vor vielen Jahren hatte ich, damals ein junger Manager, als sein persönlicher Adjutant für ihn gearbeitet, damals, als er noch nicht einmal zwei Millionen Mark Umsatz im Jahr machte; heute, überlegte ich, dürften es so um die zwei Milliarden sein.

Ich ging zu ihm hinüber. Er erkannte mich sofort wieder, fragte, wie es mir denn ginge, und als er feststellte, dass wir uns viel zu erzählen hatten, fuhren wir hinauf in sein Hotelzimmer.

Und da saßen wir nun, hatten die Gläser mit dem Rotwein auf den breiten Sessellehnen abgestellt und sprachen von früher.

Ich machte ihm ein großes Kompliment zu seinem phänomenalen Erfolg, sagte, dass es mich brennend interessiere, was denn nun eigentlich die Triebfeder dazu war, und er lehnte sich zurück, schloss für einen Moment die Augen, und dann erzählte er:

»Als junger Mann stand ich immer wieder sehnsüchtig an den Seen und der Förde meiner Heimatstadt, sah auf die Boote, die vor dem Wind dahinglitten, und eines Tages fasste ich mir ein Herz, ging zum Vorsitzenden unseres örtlichen Segelclubs, klopfte bei ihm an und fragte, ob es nicht möglich sei, dem Verein beizutreten. Er gab mir ein Formular, das bitte auszufüllen sei, und in der übernächsten Woche, sagte er, sei Vorstandssitzung, und da werde man sich mit meinem Begehren befassen, ich möge bitte an einem bestimmten Tag nachfragen. Als ich das dann mit Herzklopfen tat, erhielt ich die Mitteilung, das Präsidium habe leider mit Mehrheit abgelehnt, weil man mich nicht in der erforderlichen Weise als gesellschaftsadäquat erachte, und ich möchte, bitte, dafür Verständnis haben.

Dieses beschämende Erlebnis war der ruhelose Motor für alle meine Erfolge. Ich wollte Geld verdienen, viel Geld, reich werden, zu Ansehen und Macht kommen, um es diesen kleinkarierten Spießbürgern zu zeigen, und als ich es geschafft hatte, schickten sie eine Delegation mit der Bitte, ich möge einverstanden sein, bei ihnen Ehrenmitglied zu werden. Da sagte ich den Herren: ›Danke, ich gehöre bereits zum renommiertesten und vornehmsten Segelclub hier im gesamten Norden, und Ihren Ortsverein kann ich leider nicht in der erforderlichen Weise als für mich gesellschaftsfähig erachten.‹ Die langen Gesichter und die Genugtuung, denen jetzt mit gleicher Münze heimzuzahlen, waren wie Balsam für meine Seele.«

»Aber«, sagte ich, »bei Ihrer Dynamik wären Sie doch wohl auch ohne dieses Erlebnis ein so erfolgreicher Mann geworden, oder?«

Er sah mich lange und sehr nachdenklich an: »Ich weiß es nicht. Vielleicht sind wirklich Verletztsein, Demütigung und Zorn die größten Antriebskräfte. Sie konzentrieren unseren Willen und alle unsere Kräfte auf den einen Punkt: Den anderen zu beweisen, wie blöd sie waren, uns so zu behandeln. Wenn Sie viel Geld verdienen, reich werden, fällt Ihnen alles zu: Ansehen, soziale Stellung, Beachtung in der Öffentlichkeit, der Respekt der anderen, die Gewichtigkeit Ihres Wortes und Ihrer Person. Wir leben nun mal in einer materiell orientierten Welt, die alles zählt, wiegt und misst. Ihren Konkurrenten, Gegnern und Neidern sind Sie nur über, wenn Sie mehr Marktanteile haben, mehr Geld, mehr Einfluss, wenn Ihr Verwaltungshochhaus drei Meter höher und Ihr Segelboot drei Meter länger ist als das des anderen. Geld regiert die Welt.«

So sind wir, dachte ich. Verletzbar, hungrig nach Anerkennung, konzentriert auf uns, unsere Reputation, die von anderen bemerkten Erfolge, um immer wieder zu zeigen, wie gut wir sind.

Und wir reagieren überaus empfindlich, wenn jemand unsere Geltung, Kompetenz, unser Wissen und unsere Entscheidungen infrage stellt. Dann setzen wir erst recht unser Wollen und Können, all unsere Energie, Zeit und seelische Spannkraft für materielle Erfolge ein, reinvestieren unsere Gewinne bis auf die letzte Mark in die Firma, damit sie noch größer, noch mächtiger, noch beherrschender wird. Als ein Denkmal für die Ewigkeit.

Genau deshalb schreibt der Apostel Paulus an seinen

Mitarbeiter Timotheus, er möge die Reichen und Reichgewordenen ermahnen, ihr Vertrauen nicht auf Erfolg und Vermögen zu setzen, denn es ist und bleibt eine unsichere Basis, die durch viele Einflüsse, durch Konjunktur, Marktveränderungen, neue Entwicklungen, die Konkurrenz und den eigenen Geltungsdrang zu jeder Zeit gefährdet ist.

Hängt euer Herz nicht an den Besitz mit seinen so attraktiv erscheinenden Wirkungen, sagt Paulus, denn wir haben nichts mit in diese Welt hineingebracht und werden auch nichts aus ihr mitnehmen. Der Drang nach dem großen Geld hat manche so sehr gefangen genommen, dass sie darüber Gott vergessen haben. Diesen liebenden Gott, der nicht nach unserer Reputation fragt, nicht nach unserer Gesellschaftsfähigkeit und unseren Leistungen, sondern der bereit ist, jeden von uns so anzunehmen, wie er ist.

Denn »die Barmherzigkeit des Herrn hat noch kein Ende, sie ist alle Morgen neu«, sagt Jeremia, der Prophet, und Jesus Sirach, ein anderer kluger Mann des Alten Testaments, schreibt als seine Lebenserfahrung: »Nie ist einer zuschanden geworden, der auf den Herrn gehofft hat. Nie ist einer von ihm im Stich gelassen worden, der in der Furcht Gottes geblieben ist. Keinen hat Gott jemals übersehen, der ihn angerufen hat, denn Gott, der Herr, ist gnädig und barmherzig, er vergibt Schuld und hilft.«

Haben wir unseren Aufnahmeantrag schon gestellt?

Allzeit bereit

Die Jubiläumsfeier meines Geschäftsfreundes Robert Pfeiffer war das Beste, was ich bisher an Veranstaltungen erlebt hatte: Die Organisation perfekt, das Programm erstklassig, das Essen erlesen, die Bedienung aufmerksam und freundlich und die Stimmung gelöst, voller harmonischer Fröhlichkeit.

Ganz unauffällig schaute ich, unterhalb der Tischkante, auf meine Armbanduhr, kurz nach drei. In zweieinhalb Stunden, siebzehn Uhr fünfundzwanzig, ging mein Flug, aber ich würde noch bis zum Schluss bleiben können, denn in der Einladung stand: Ende gegen vier. Das würde reichen, gut sogar.

Mein Verbands-Kollege Günther Strothmann kam zu mir an den Tisch, beugte sich herunter und rief durch das heitere Stimmengewirr: »Was meinst du, müsste nicht irgendeiner von uns Gästen eine Dankesrede halten?«

Ich zeigte quer durch den Raum und sagte: »Franz Hildenbrand sollte das tun, er ist meines Wissens der älteste Geschäftsfreund von Pfeiffer, und außerdem ist er Vorstandsmitglied in unserer Wirtschaftsvereinigung.«

Als Günther Strothmann hinüberging, das Ansinnen zu überbringen, fühlte ich so etwas wie Mitleid für den armen Hildenbrand, denn die Ehre, unvermittelt eine

Rede halten zu müssen, kommt bei den meisten einem Schock gleich. Ich kannte Leute, für die das der absolut sichere Auslöser einer totalen Denkblockade war. Blackout. Nichts fiel ihnen mehr ein, noch nicht einmal ihr eigener Name, wenn sie in diesem Moment danach gefragt würden.

Aber zu meinem Erstaunen blieb das Gesicht des Überrumpelten ganz entspannt. Er nickte, zog seinen Druckbleistift aus der Innentasche, machte sich ein paar Notizen, klopfte an sein Glas, erhob sich, und was er ruhig und beeindruckend formulierte, fügte sich auf gelungene Weise in den Rahmen dieser Feier.

Franz Hildenbrand war einfach gut, nein, mehr als das.

Als der lange, herzliche Applaus zu Ende war, nahm ich mein Glas, ging hinüber, setzte mich neben ihn und sagte mit Anerkennung in der Stimme: »Wie machen Sie das, so einfach aus dem Stand Rekordweite zu springen? Ohne Vorbereitung, ohne Manuskript? Sind Sie ein Naturtalent?«

Er sah mich lächelnd an: »Ich bin kein begabter Redner. Was immer ich sage, ist mühsam erarbeitet, und eine Stegreifrede kann ich erst recht nicht halten.«

Und als ich ihn verblüfft ansah, ergänzte er: »Sehen Sie, gerade weil ich das weiß, gehe ich zu keiner für mich wichtigen Veranstaltung, ohne in meiner Tasche ein Manuskript und im Kopf seinen Inhalt zu haben, dann bin ich allzeit bereit. Das ist mein ganzes Geheimnis.«

Warum, dachte ich, als ich im Flugzeug saß und das

gleichmäßige Geräusch der Triebwerke mich innerlich zur Ruhe kommen ließ, warum eigentlich mache ich mir diese Gewohnheit des Franz Hildenbrand nicht selber zum Lebensprinzip: Vorbereitet sein.

Wie oft stolpern wir in Konferenzen und Verhandlungen, und während einige schon eifrig diskutieren, verschaffen wir uns erst den Überblick, worum es heute eigentlich geht.

Wir treffen oft genug schnelle Entscheidungen aus Erfahrung und Gefühl, behaupten aber, alles sei fundiert, sachbezogen und streng rational.

Da entstehen Gesetze, die erst durch einen Wust von Ausführungsbestimmungen und Nachbesserungen anwendbar werden.

Wir diskutieren über die Kirche und haben überholte Bilder und Klischees aus dem Mittelalter im Hinterkopf.

Wir reden über Gott und wissen nicht, mit wem wir es zu tun haben, weil wir weder das Neue noch das Alte Testament wirklich kennen.

Da sagen wir in manchen Situationen: »Wie kann Gott das zulassen?«, und ignorieren, dass wir selbst die Zerstörer, Hasser und Gleichgültigen sind.

Wir setzen, wenn wir mit unserem Latein am Ende sind, als Ultima Ratio ein Stoßgebet ab und degradieren Gott zum Feuermelder und zum Automaten, der gegen ein paar fromme Worte Lösungen liefern solle, und zwar prompt.

Und wenn wir so bleiben, opportunistisch, weg- und nicht zielorientiert, dann wird uns eines Tages das Ende förmlich überraschen. In einer überregionalen Zeitung stand kürzlich viertelseitig mit großen, erhabenen Buchstaben: »Völlig unerwartet hat gestern der Herr über Leben und Tod unser Vorstandsmitglied mitten aus dem unermüdlichen Schaffen in die Ewigkeit abberufen.«

Der Schreiber des Hebräerbriefes in der Bibel hat, weil wir wohl schon immer so waren, unser gründliches Denken angemahnt und uns den nüchternen Sachverhalt über die so notwendige, vorausschauende Gewissenhaftigkeit klargemacht:

»Die Zusage Gottes, uns Menschen in seinen Frieden aufzunehmen, gilt. Darum wollen wir nicht oberflächlich und leichtfertig sein, sondern darauf achten, dieses angebotene Geschenk nicht zu verscherzen ... Achtet darauf, seid darum besorgt, dass nicht jemand Gottes Gnade versäumt!«

Wie lautet die Anfrage des Flughafen-Towers, ob die Piloten im Cockpit vorbereitet sind zum Start? »Are you ready to go?«

Metamorphose

»Hier gleich rechts um die Ecke müsste es sein«, sagte Weber zu mir und studierte seinen Zettel mit der Wegbeschreibung.

Es stimmte. Nach knapp zwanzig Schritten standen wir vor der Tür des kleinen Lokals, das Ulrich Wiegand, unser Gastgeber, als Geheimtip angepriesen hatte, mitten in der Kölner Altstadt.

Wiegand war schon da, zusammen mit seinen beiden Prokuristen. Sie geleiteten uns zum bestellten Platz, gaben dem Ober das internationale Zeichen »Bier marsch«, und kaum hatten wir uns niedergelassen, standen schon fünf Kölsch in diesen griffigen Stangengläsern vor uns. Die fast monumentale Tischplatte, sechs Zentimeter stark aus massiver Kiefer, war widerstandsfähig selbst gegen den leidenschaftlichsten Grand mit Vieren, und unter uns hatten wir Vertrauen erweckende Stühle mit mindestens zehnfacher statischer Sicherheit für Höchstbelastungen.

Die Gläser bis kurz unter Augenhöhe gelupft, blickten wir uns über den so geschaffenen Horizont lächelnd an, riefen »Prost«, ergänzt durch das obligatorische »Ah« nach dem ersten, tiefen Zug, und wussten: Das würde ein fröhlicher Abend in dieser urigen, heimeligen Kneipe, so ganz ohne verkrampft nachgemachte Rustikalität; mit dem dicken, gemütlichen

Wirt hinter den sorgsam polierten Messing-Zapfhähnen und dem Appetit machenden Duft von meisterhaften Bratkartoffeln in der Luft.

Es dauerte keine fünfzehn Minuten, da war das Lokal proppenvoll. Nur am Tisch neben uns, ganz verloren umringt von vier leeren Stühlen, stand ein einsames Schild »Reserviert«. Aber als wir gerade bei der dritten oder vierten Runde Kölsch saßen und gespannt auf das Essen warteten, ging die Tür auf. Drei Japaner kamen herein, wie dem edelsten Herrenjournal für gediegene Managermode entstiegen: dunkelblaue Maßarbeit, seidene Krawatten, weit jenseits der Hundertmark-Grenze. Der Ober führte sie zu ihren reservierten Plätzen, sie machten eine leichte Verbeugung zu uns herüber, genau abgewogen, nicht zu tief und nicht zu knapp, und dann setzten sie sich, bestellten noch nichts, warteten offensichtlich. Endlich kam der für den vierten Stuhl Bestimmte. Die drei standen auf, neigten ihren Oberkörper sehr viel tiefer als vor uns, und wir wussten: Das ist der Boss. Sie blieben, noch immer leicht gebeugt, so lange stehen, bis er sich gesetzt hatte, und dann nahmen auch sie wieder Platz.

Die Unterhaltung war sehr einsilbig. Jeder der drei Untergebenen sprach nur, wenn der vierte ihn anredete. Zeremoniell, geprägt durch tausend Jahre Tradition.

Der Ober ging zu ihnen und fragte, was es denn bitteschön zu trinken sein solle, und der Oberste von ihnen bat im fernöstlichen Englisch um seine Empfehlung. Die Antwort »Kölsch« wurde nicht sofort begriffen, aber der Wirt an der Theke griff sich entschlossen vier Gläser, schenkte ein, brachte sie herüber, der japanische Sprecher nahm sein Glas, setzte an, und als er es zu unserer Verblüffung leer wieder hinstellte, sagte er »Ah«. Und die drei anderen taten desgleichen. Unter sofortiger Nachbestellung.

Wir fünf germanischen Geschäftsfreunde konzentrierten uns wieder auf uns selber, setzten die eigenen, lebhaften Gespräche fort, und im Laufe des Abends mussten wir immer lauter reden, denn am Nebentisch nahm Revolutionäres seinen Anfang und Lauf. Die sich mehrenden Runden verursachten eine Art zweiten Sturm auf die Zwingburg Bastille; sie schleiften gewissermaßen die Mauern der Hierarchie, Reputation und Verhaltenszwänge und bahnten den Weg zu Freiheit, Gleichheit und Brüderlichkeit.

Unsere Nachbarn nickten sich lachend zu, schüttelten mit wechselnder Beteiligung gegenseitig Hände als eine Art europäischer Bekräftigung japanischer Übereinstimmung. Sie redeten eifrig durcheinander, jeder mit jedem, alle zugleich und verstanden sich großartig.

Als sie dann zu später Stunde gingen, ausgelassen, gestikulierend, sorglich gestützt von den kräftigen Kellnern, kam uns plötzlich das Lokal still und nahezu verlassen vor.

Wie werden, überlegte ich, die so netten Japaner sich in ein paar Stunden zum Frühstück begegnen? Immer noch mit einem freundschaftlich verstehenden Lächeln im Blick? Oder wieder distanziert? Zurückgepresst in ihre statusdiktierten Rollen mit zwei Seelen in der Brust?

Was hindert uns eigentlich daran, die zu sein, die wir sind? Warum zerfallen wir auf nahezu schizophrene Weise in Amtsperson und Mensch, in Geschäftsmann und Familienvater, in Manager und Christ?

Warum eigentlich braucht es bei manchen Menschen erst 0,8 bis 1,6 Promille, um erkennbar zu machen, dass sie nicht nur aus kontrollierten Funktionen, sondern auch aus Gefühlen bestehen, nicht nur aus Kopf, sondern auch aus Herz, nicht nur aus Rollenverhalten, sondern aus lebendiger Individualität?

Wo sind die Mutigen, bei denen Innen und Außen, Wollen und Handeln übereinstimmen? Wo sind sie, die Wahrhaftigen, bei denen Anspruch und Wirklichkeit sich decken? Wo sind sie, die Zuverlässigen, bei denen ein Ja nicht nur ein bedingtes ist? Wo sind sie, die Menschen, die nicht opportunistisch in die jeweilige Rolle kriechen, sondern Charakterfestigkeit haben?

Da berichtet der Apostel Johannes von Verantwortungsträgern aus der Hauptstadt Jerusalem: »In der Gesellschaft gab es viele führende Leute, die heimlich an Jesus Christus glaubten, aber die Anerkennung durch die Menschen war ihnen wichtiger als die Ehre bei Gott.« Wo sind sie, die Tapferen, die ihren Glauben mitten im Alltag, mitten in ihren Berufen erkennbar leben? Die nicht im seltsamen Gespaltensein destruktives Beispiel für ein Leben in mehreren Welten sind, situationsbedingt mit wechselnder Staatsbürgerschaft?

Wo sind sie?

Gewichtsprobleme

»Du«, sagte ich zu meiner Frau und strahlte über das ganze Gesicht, »ich habe abgenommen.«

»Gratuliere«, antwortete sie mir und ließ ihren Blick prüfend über meine Figur wandern, »man sieht es zwar noch nicht so recht, aber vielleicht fängt bei dir dieser Prozess ja inwendig an.«

Ich ging zurück ins Badezimmer und stellte mich erneut auf meine hochtechnisierte, elektronische Waage mit langjähriger Garantie. Die Zahlen der digitalen Anzeige sprangen einige Male hin und her, und dann kam das Endresultat: Kein Zweifel, es blieb dabei, ich wog weniger als vor einer Woche. Mich erfüllte ein stiller Stolz über meine energische Beharrlichkeit, das optimale Gewicht wieder zu erreichen, und als am nächsten Morgen das Ergebnis abermals niedriger lag, stürmte ich beschwingten Schrittes in den Tag und fühlte mich leicht wie eine Feder.

Am gleichen Abend aber hatte ich laut Wiege-Ergebnis gegenüber dem Morgen glatte drei Kilo verloren, und das machte mich stutzig.

Ich kramte die ausführliche Gebrauchsanweisung in sage und schreibe sieben Sprachen für mein Gewichtsermittlungs-Instrument hervor, suchte mühsam nach dem Erklärungstext in Deutsch und las: »Zeigt das Gerät plötzlich unrealistisch erscheinende Werte an, drücken Sie bitte auf den Knopf für die Kontrolle der Batterie. Erscheint im Display ein ›E‹, muss sie ausgetauscht werden.« Und so war es auch.

Schweren Ganges stieg ich hinunter ins Gästebad. Kletterte dort auf die alte, knarrende, ehrwürdige und ganz mechanische Waage, und da schlug die Stunde der ernüchternden Wahrheit: Nicht meine Energie, sondern die nachlassende des Akkus hatte den Scheinerfolg produziert, es war alles beim Alten geblieben.

Während ich über meinen Misserfolg grübelte, erinnerte ich mich an eine Begebenheit, die in der Bibel beschrieben ist. Da wurde auch einer gewogen. Nur, im Gegensatz zu mir, war es nicht sein Ziel abzunehmen, sondern immer gewichtiger zu werden. In Statur, Bedeutung, Renommee, Machtfülle, Erfolg und Selbstverständnis.

Und weil solche Menschen, wie jeder von uns, immer wieder Bestätigung durch die anderen brauchen, lud dieser Mann, Belsazar, Herrscher über das damalige Weltreich Babylonien, die wichtigsten Leute seines Staates, die Großen, in die Hauptstadt zu einem Bankett ein.

Ich kann mir denken, dass viele Huldigungsreden zu seiner Ehre gehalten wurden, denn sein Wort und sein Wille waren schließlich Gesetz im gesamten Reich. Wehe dem, der sich da unbeliebt machte, gegen die ungeschriebenen, aber erwarteten Ergebenheitsrituale verstieß und damit die Gnade seines Chefs verscherzte! Er war erledigt.

Es wurde ein rauschendes Fest, das – wie so oft – in ein Besäufnis überging, und zu fortgeschrittener Stunde ließ Belsazar im trunkenen Übermut die beim Krieg gegen Jerusalem aus dem Tempel erbeuteten Kultgefäße bringen. Aus denen trank man weiter. Aber dann geschah das, was mich schon als Kind so sehr beeindruckt und beschäftigt hat: Eine geisterhafte Hand schrieb einen Satz an die weiße Mauer, und Belsazar ahnte: Das ging ihn an. Sein Gesicht nahm die gleiche Farbe an wie die Wand.

Daniel, einer der Gefangenen aus Jerusalem, eilig herbeigeholt als der Einzige, der das Geschriebene identifizieren konnte, las ihm vor: »Mene mene tekel«, und er lieferte ihm die Übersetzung gleich mit: »Gewogen, gewogen und zu leicht befunden.«

»Mein König«, sagte er, »nimm zur Kenntnis, in Deinem Leben gibt es Gewichtsdifferenzen. Deine Einschätzung Deiner eigenen Person und die berechnet wohlklingenden, servilen Schmeichelreden Deiner Vasallen haben zu einer Meinungsbildung geführt, die Selbsttäuschung ist. Alles andere hast Du in Deinem Leben für wichtig erachtet, nur nicht Gott. Den Gott, der Deinen Lebensatem in seiner Hand hat. Du hast ihn weder geehrt, noch steht er auf Deiner Rechnung. Du täuschst Dich dramatisch über Deine eigene Person, obwohl es genügend konkrete Berichte darüber gibt, was aus Menschen wird, deren Ich ihr eigener Lebens-Mittelpunkt ist. Und Du hast noch eines vergessen: Dass Gottes Maßstäbe und Eichmaße anders sind als die Deinen.«

Ist Ihnen im letzten Absatz etwas aufgefallen? Ich habe sowohl gegen die alten wie auch gegen die neuen Regeln der Rechtschreibung verstoßen, denn »Dein« und »Du« müssen grundsätzlich klein geschrieben werden beim Zitieren von Dialogen, Artikeln und Vorträgen. Große Anfangsbuchstaben sind nur erlaubt in der brieflichen direkten Anrede einer konkreten Person – und nur in der alten Rechtschreibung.

Laut Duden habe ich einen Fehler gemacht. Aber bewusst, denn ich ahne: Die konkrete Person ist hier nicht nur der kreidebleiche Belsazar, sondern Sie und ich!

Mit einem energischen Gruß

von Daniel.

Entscheidungsfrage

Zweimal hatte ich ihm freundlich zugenickt, aber es kam keine Reaktion. Sein Blick ging quer durch den ICE-Großraumwagen inhaltslos an meinem rechten Ohr vorbei.

Entweder, dachte ich, ist er ganz weit weg mit seinen Gedanken, vertieft in irgendein Problem, oder er ist inzwischen kurzsichtig und hat vergessen, seine Brille aufzusetzen. Vielleicht erkennt er mich nicht wieder, nach so vielen Jahren, oder er will es auch nicht, weil ich für ihn eine Phase seines Lebens repräsentiere, an die er nicht so gerne denkt? Letzte Möglichkeit: Er ist überhaupt nicht Werner Gundlach.

Sollte ich einfach hinübergehen und ihn fragen, ob er vor anderthalb Jahrzehnten bei einer bestimmten Firma war und mal einen Karlheinz Binder gekannt hat?

Aber während ich noch überlegte, verlangsamte der Zug seine Fahrt, eine Lautsprecherdurchsage kam, wir würden in wenigen Minuten Mannheim erreichen, und da stand er auf, zog seinen Reisemantel an, nahm den Handkoffer oben aus der Ablage und ging.

Leider eilte er in die Richtung von mir weg, sonst hätte ich ihn womöglich doch am Rockschoß festgehalten, denn inzwischen erschien es gewiss: Er musste es sein.

Als er ausstieg, an meinem Fenster vorbeiging und Schritt für Schritt die Bahnsteigtreppe nach unten verschwand, stiegen in mir die Erinnerungen auf. In unserer Firma war er damals ein wichtiger Mann. Hochintelligent, gelehrt und belesen. Ein brillanter Analytiker, präzise und gewissenhaft im Denken. Genau deshalb vertraute man ihm ein besonderes Zukunftsprojekt an: Die Entwicklung eines kompletten Auftragserfassungs-, Produktions- und Abrechnungssystems mit Übernahme aller Werte in die Buchhaltung, mit Statistiken über Maschinenauslastung, mit genauer Nachkalkulation und Leistungsbilanz. Das waren jedenfalls die globalen Vorgaben.

Werner Gundlach wusste, dass er genau der richtige Mann war, ging mit Elan und Begeisterung an die Arbeit, holte sich zwei Mitarbeiter, später auch einen dritten. Sie nannten sich »Spezialteam Systementwicklung«, machten einen genauen Plan für ihr Vorgehen mit fünf Phasen:

1. Sammeln von Daten und Informationen.
2. Aufstellen eines Grobkonzeptes.
3. Präsentation vor der Geschäftsleitung und Freigabe.
4. Detailausarbeitungen mit Stufen und Richtlinien, das neue System einzuführen.
5. Realisierung.

Aber dazu kam es nie, denn Werner Gundlach erschien das Problem so wichtig, dass er meinte, verbindliche

Aussagen und Vorschläge erst dann machen zu können, wenn ihm alle Aspekte bekannt waren. Er kaufte Stapel von Fachliteratur, studierte Dissertationen über die Thematik und alle angrenzenden Bereiche, fuhr zu Seminaren, ließ Experten kommen und befragte Unternehmen, die ähnliche Projekte durchgeführt hatten. Doch je mehr Informationen Gundlach und seine Mitstreiter auf diese Weise bekamen, umso unsicherer wurden sie, umso mehr Alternativen erschienen relevant, und damit rückte eine Entscheidung in immer weitere Ferne.

Nach drei Jahren löste man seine Stabsstelle auf und trennte sich von ihm. Wir Kollegen aus den anderen Ressorts bedauerten sein Fortgehen, denn wir schätzten ihn fachlich und menschlich. Was ihm fehlte, waren Entscheidungskraft und Wagemut. Er hatte nicht begriffen, dass die letzten paar Prozente bis zur völligen Gewissheit immer einen immensen Aufwand an Zeit, Kraft und Geld kosten. In jeder Sache gibt es einen Punkt, an dem wir den Mut haben müssen, das dann noch verbleibende Restrisiko in Kauf zu nehmen und zu entscheiden.

Das waren jedenfalls damals meine Gedanken, als Werner Gundlach das Unternehmen verließ, und ich empfand trotz allem für ihn Verständnis, denn es gab einen Sektor in meinem Leben, wo ich genauso handelte: in meinem Verhältnis zu Gott. Die Frage, wer er war, was er als die Bestimmung und das Ziel von uns Menschen auf dieser Erde ansah, erschien mir so wichtig und zugleich komplex, dass hier absolute

Gründlichkeit angesagt erschien. Und wie Gundlach kaufte ich eine respektable Menge kompetenter Bücher. Über Theologie, Philosophie und ihre Mischformen. Aber je mehr ich in ihnen las, umso komplizierter schien mir die Sache mit Gott, desto ratloser wurde ich, wie man ihn jemals begreifen, ihm näher kommen könnte.

Und dennoch hatte ich immer das Gefühl, dicht an der Erkenntnis zu sein. Ich wartete förmlich auf die Initialzündung, den »Urknall«, den Aha-Effekt, der mich tüchtig machen würde, mein Leben zu ändern, und während ich gebeugt über meinen so vielen, so dicken und so intelligenten Büchern saß, sah Gott von seiner höheren Warte, von oben her, immer nur meinen Rücken.

»Wie lange«, fragt er im Alten Testament durch den Propheten Jeremia, »wie lange soll es noch dauern, dass ausgerechnet ihr alle, die ihr Ansehen und Verantwortung habt, mir den Rücken zuwendet und nicht euer Gesicht? Alles, was ihr wissen solltet, habe ich euch durch Mose und die Propheten, durch die Bibel, sagen lassen, aber ihr hörtet weder darauf noch hatte es irgendwelche Konsequenzen.«

Da saß ich bei einer Veranstaltung mit einem begabten Theologen am Tisch. Wir kamen auf die vielen Wissenstheorien, Zeitströmungen und Lehrmeinungen im Christlichen zu sprechen. Er kannte sie ausnahmslos alle, aber als ich ihn nach seiner persönlichen Stellung zu Jesus Christus fragte, sagte er mir: »Mein Verhältnis zu ihm ist nicht eindeutig geklärt, ich weiß zu viel«, und er lachte in einer Art, die deutlich machte: Ihm war nicht nach Lachen zumute.

Wissen hilft vorwärts, es schafft wichtige, unabdingbare Grundlagen, aber es ist eben noch keine Entscheidung.

Fakten und Informationen zu sammeln gehört zu unserer Sorgfalt, aber wir dürfen dabei nie vergessen, dass irgendwann der Punkt erreicht ist, unser Vertrauen in Gott zu investieren und es dabei in Kauf zu nehmen, dass ein Restdefizit von letzter Erkenntnis bleibt.

Nicht die komplette Kumulation von Wissensinhalten, sondern Vergebung und Versöhnung brauchen wir, Absolution. Umkehr und Heimkehr zu dem, der uns geschaffen hat und der allein unserem Dasein Sinn und Ziel gibt.

Paulus schreibt über diese Sachlage, über den Gundlach-Effekt, vor lauter Informationen den Mut zur Konsequenz zu verlieren, im Brief an seinen Mitarbeiter Timotheus: »Es gibt Menschen, die lernen immerdar und können nimmer zur Erkenntnis der Wahrheit kommen.«

Wir brauchen »Decision-Makers«. Sind Sie einer?

Aus der Spur geraten

Die Fußgängerampel sprang auf Rot. Ich fuhr langsam heran an den Überweg und erkannte plötzlich unter den Passanten Yvonne, die Schwester von der Chirurgischen Abteilung des örtlichen Krankenhauses. In den drei Jahren, die ich sie nicht gesehen hatte, war sie noch hübscher geworden. Ich winkte ihr zu, aber der Gruß blieb unbemerkt.

Meine Gedanken wanderten die 36 Monaten zurück: Ich hatte damals Schmerzen bekommen, mein Hausarzt schickte mich zum Facharzt in die Klinik. Der sah mich nach der Untersuchung freundlich an und sagte: »Wir müssen operieren, und zwar schnell. Sie finden sich am Mittwoch hier ein, dann treffen wir alle Vorbereitungen, und Donnerstag früh sind Sie dran.«

Er machte sich in seinem beeindruckenden DIN A4-Kalender eine Notiz, und als ich in die Brusttasche nach meinem eigenen Planer griff, lächelte er mich in einer Art an, dass ich wusste: Hier war nichts abzustimmen, es hatte keinen Zweck, Termine zu vergleichen, das war entschieden.

Wir klappten unsere Bücher zu, gaben uns die Hand und ich ging.

Im Büro schaute ich auf meinen Tagesplänen nach, was für die nächsten Wochen anstand, und unter dem Druck höherer Gewalt fügte sich plötzlich alles ganz einfach: Die Konferenz am 17. würde auch ohne mich laufen, den Inhalt einer Geschäftsreise erledigte ich durch ein 5-Minuten-Telefonat, andere Anlässe delegierte ich an Mitarbeiter und Kollegen und erntete hier und da ein freudiges Lächeln über den Vertrauensbeweis, und als alles geklärt war, fragte ich mich nachdenklich, ob eigentlich erst so etwas notwendig ist, um unsere Wichtigkeit und Bedeutung auf das Wirkliche zu reduzieren.

Als sie mich mit meinem Klinikbett durch die sich leise surrend öffnende Tür in den Operationssaal fuhren, war ich noch ganz der Alte. Ich scherzte mit dem Anästhesisten, machte dem Chefarzt ein Kompliment über seinen grünen, offensichtlich maßgeschneiderten Kittel und fühlte mich wie immer, als einer, der gut trainiert war, körperlich fit.

Meine letzte Wahrnehmung bestand in einer Stimme, die zu mir sagte: »Machen Sie schon mal die Augen zu, gleich werden Sie schlafen«, und dann versank ich in samtene Dunkelheit.

Als ich wieder aufwachte, schien die Sonne ins helle Zimmer, ich hatte keine Schmerzen, aber meine Kraft war weg.

Seltsam, dachte ich, da kommt plötzlich eine Situation in unser Leben, unerwartet, unangemeldet, reißt uns aus unserem Rhythmus, unserem Selbstverständnis, dem gewohnten Rahmen, zwingt uns eine veränderte Umgebung, Geltung, einen anders gültigen Stellenwert auf, innerhalb von ein paar Stunden wandelt sich ein Mensch vom Bestimmenden zum Duldenden.

Einer, der sonst auf seine Energie und Tüchtigkeit als Normalität vertraut, wird zum Abhängigen. Da zeigt es sich: Die Fundamente unserer gewohnten Sicherheiten sind viel dünner als vermutet. Eine Krankheit, ein unachtsamer Augenblick hinter dem Steuer, ein falscher Tritt auf einer Treppenstufe, selbst ein falsches Wort im falschen Augenblick können zu einem eigendynamischen sozialen oder biologischen Prozess werden, zur verändernden Weichenstellung ins nicht mehr durch uns selbst Planbare.

Ich beobachtete die freundlichen Ordensschwestern in ihren weißen Trachten, mit ihrer gütigen Freundlichkeit, ihren fleißigen, helfenden Händen, die nur deshalb so unermüdlich sein konnten, weil sie oft zum Gebet gefaltet waren. Die deshalb Herzlichkeit ausstrahlten, weil ihre Liebe aus dem Wissen stammte, dass da einer war, der seinen Leuten gesagt hat: »Liebt einander, wie ich euch geliebt habe«, Jesus Christus.

Ihre Lebensaufgabe ist das Dienen, eine Gabe Gottes, aber wer strebt schon nach ihr? Ist nicht Befehlen, Anordnen, Dirigieren viel attraktiver, erhebender? Das ist doch etwas anderes, als jemand die Bettpfanne unterzuschieben, ihm den Rücken mit Franzbranntwein einzureiben, die Arme und Achselhöhlen zu waschen.

Gehört Krankheit, das Zurückgeworfensein auf unsere vergängliche Physis dazu, um wieder Mensch zu werden? Da fühlen wir Verantwortlichen, Tonangeber, Opinion-Leaders uns so sicher in unserer Art und Wichtigkeit, wir achten darauf, dass unser Image stimmt, man uns die Beachtung schenkt, die uns zukommt. Wir wirken entschieden, dynamisch, überzeugend, vertrauenserweckend und schätzen uns selber auch so ein – und dann wirft uns irgendein Ereignis aus dem so spursicheren Selbstverständnis.

Warum muss erst so etwas passieren, um uns nachdenklich zu machen? Und danach? Wenn ich in acht oder zehn Tagen wieder aus dem Krankenhaus entlassen bin, was wird dann sein? Bleiben das Erleben lebendig, die Erkenntnisse erhalten? Oder kommt dann die stillschweigende Rückkehr zur Tagesordnung, in die sogenannte Normalität?

Ist nicht jede besondere Situation, jede Krise wertlos, wenn die in ihr enthaltenen Lektionen nicht gelernt werden?

Sind letzten Endes selbst solche beeindruckenden Begegnungen wie die mit den Ordensschwestern verloren, wenn sie in unserem Wollen und Willen keine Folgen haben? Müssen wir noch mehr und noch gravierender aus der Spur geraten?

Die Verwechslung

Als der Infrarot-Sensor mein Nahen registrierte, setzte sich die chromblitzende Hotel-Drehtür lautlos in Bewegung, nahm mich förmlich in den Arm und leitete mich ins Foyer. Die Vereinigung Christlicher Geschäftsleute hatte ein Hinweisschild aufgestellt mit richtungsweisendem Pfeil nach links, und ich folgte ihm.

Am Ende einer Reihe gläserner Vitrinen, in denen örtliche Boutiquen ihre vornehmen Artikel präsentierten, standen fünf Herren, einander zugewandt, im intensiven Gespräch. Als sie mich wahrnahmen, formierte sich die Gruppe zum Halbkreis. Einer von ihnen kam mit strahlendem Gesicht auf mich zu, hielt mir die Hand entgegen und sagte: »Grüß dich, ich bin der Erich!«

Ich lächelte genauso herzlich zurück, antwortete mit einem langen, kräftigen Händedruck: »Und ich bin der Karlheinz«, während in meinem Hinterkopf ein intensives Suchprogramm startete. Mein Gehirn glich das optische Bild des vor mir Stehenden mit allen jemals gemachten Sinneseindrücken ab und checkte zugleich alle Gedächtnisinhalte über sämtliche Erichs, die ich bisher kennen gelernt hatte.

Aber schon wieder ergriff einer energisch meine Hand, der zweite der fünf: »Ich bin der Friedhelm«, tönte er und renkte mir fast die Finger aus. Das gleiche Ritual vollzog sich mit der Nummer drei und Nummer vier, aber der Fünfte musterte mich lange, intensiv und fast misstrauisch, und dann stellte er fest: »Du, Erich, den kenne ich überhaupt nicht!« Und wieder zu mir gewandt: »Hast du wirklich damals bei Professor Winterfeld studiert?«

»Moment mal«, sagte ich und blieb unwillkürlich beim Du: »Seid ihr denn nicht von der IVCG?«

»Wer ist das?«

»Die Internationale Vereinigung Christlicher Geschäftsleute.«

»Nie gehört, erklär mal.« Und das tat ich dann, nicht ohne die abschließende Frage, mit wem, bitteschön, denn ich es zu tun hätte.

»Wir haben alle hier an der Uni vor genau fünfundzwanzig Jahren unser Diplom gemacht, und dieses Jubiläum feiern wir heute«, erklärte Erich und schlug mir freundschaftlich auf die Schulter. Wir fühlten uns durch diesen Irrtum auf eine heitere Weise miteinander verbunden, stellten fest, dass wir uns mochten, und der eine von ihnen, der mich so skeptisch angesehen hatte, meinte: »Du, bei uns wird es heute Abend eine ganz große Fete geben. Wenn es bei euren Geschäftsleuten langweilig ist, dann haust du einfach ab und kommst zu uns rüber. Betrachte das als verbindliche Einladung!«

»Klasse«, sagte ich, »da gibt es nur ein Problem: Ich bin nämlich der Referent.« Und dann lachten wir sechs so laut, dass der Portier von der Rezeption besorgt herüberblickte.

Dann wiederholte Erich die Einladung. »Auch wenn du der Redner bist: Wenn es langweilig wird, hast du erst recht einen Grund, dich zu verdrücken, das Angebot bleibt bestehen, klar?«

Auf dem Weg zum Bankett-Raum erinnerte ich mich an mein eigenes Klassentreffen. Auch wir hatten bei der Abschlussfeier einander versprochen: Hier und heute in fünfundzwanzig Jahren! Und dann standen wir uns nach so langer Zeit tatsächlich wieder gegenüber, die meisten auf den ersten Blick erkennend, bei manchen ratlos, bis wir allmählich im Aussehen und der Gestik die Züge des anderen wiederentdeckten, seine Besonderheiten, seine Originalität, das, was ihn und nur ihn ausmacht.

Jeder von uns ist einmalig. Noch nie hat es Ihresgleichen und meinesgleichen gegeben, und nie wird jemand existieren, der genauso ist wie Sie und ich. Wir sind genuine Schöpfung eines liebenden Gottvaters. Oder hätte er sonst die Mühe und Arbeit auf sich genommen, aus jedem von uns ein Unikat zu machen?

Andere mögen uns wohl verwechseln, er nicht, niemals.

Da war dieser Jeremia im Alten Testament. Sein Vater war Priester, und sicherlich lag auch vor diesem jungen Mann eine klare, theologische Laufbahn.

Und dann ruft Gott ihn plötzlich, und Jeremia ahnt, das ist das Ende der Alltäglichkeiten, der Bruch mit der Normalität, und deshalb versucht er sich zu drücken: »Erstens, Gott, habe ich kein großes Talent als Redner, und zweitens bin ich noch viel zu jung!«

Und Gott sagt zu ihm: »Erstens, Jeremia, sage nicht, du bist zu jung, und zweitens, ich kannte dich, ehe du gezeugt und geboren wurdest!«

Einer unserer Kirchenväter hat es so gesagt: »Jeder Mensch ist ein Gedanke Gottes.« Wir sind keine biologischen Zufallsprodukte, sondern erklärter Wille des Schöpfers, und genau darin liegt unsere unverwechselbare Einmaligkeit, unser Wert und unsere Würde, eben das, was uns ausmacht. Und genau darin liegt unsere Verantwortung.

Wir sind die einzigen Lebewesen, denen Gott, der Unendliche, Ewige, Unfassbare, sich durch seinen Sohn Jesus Christus verständlich und verstehbar gemacht hat. Wir sind die einzigen Lebewesen mit der Fähigkeit, darauf zu reagieren, Antwort zu geben. Und genau hier liegt für mich die Trennlinie: Ob einer groß ist, oder ob er Größe hat. Ob einer religiös ist oder Christ. Ob ein Karlheinz Binder seine Identität in sich selbst oder in Gott findet. Ob er Person ist oder Persönlichkeit.

Navigationshilfe

Als ich mich von meinem Stuhl erhob und mehrmals mit der Gabel sachte an das Weinglas klopfte, verstummten die lebhaften Gespräche rund um die festliche Tafel mit dem perlmuttweißen Porzellan, dem schimmernden Silber und dem anmutigen Blumenschmuck. Alle schauten herüber. Ich ließ meinen Blick von einem zum anderen wandern: Fast alles vertraute Gesichter, die engsten Geschäftspartner, Mitarbeiter und Familienangehörige von Peter Horbach, dem Geschäftsfreund, Jubilar und Mann des Tages. Heute ein halbes Jahrhundert alt geworden und diesen Geburtstag mit uns feiernd.

»Fünfzig«, sagte ich nach Worten des Dankes für die Einladung, für den liebevollen Empfang und das gediegene Ambiente, »fünfzig geworden zu sein, lieber Peter Horbach, das ist Anlass zur Inventur, Bilanz und Standortbestimmung. Nachdenklichkeit ist angesagt, sozusagen hoheitlich verordnet durch die besondere Situation.

Eine lange Zeit meines Berufslebens habe ich im Norden unseres Vaterlandes gelebt, nahe am Rande des großen, weiten Meeres; und von dessen umbrandetem Ufer weiß ich so manches um die christliche Seefahrt und ihre wichtigsten Belange. Zum Beispiel, dass auch heute noch, mitten in der Zeit der Radar-, Funk- und

Satelliten-Navigation, jedes stolze Schiff auf den schäumenden Wogen einen klassischen Sextanten an Bord hat, wohl verwahrt in einer soliden Kiste aus Teakholz, immer griffbereit. Dieses Instrument, von manchen Zeitgenossen als rückständig und veraltet angesehen, ist im Fall des totalen Electronic-Blackouts das einzige noch zuverlässige Mittel, um festzustellen, wo man sich denn nun überhaupt und derzeit gerade auf dem Globus befindet.

Es ist also«, ergänzte ich, »wie mitten im richtigen Leben. Auch wir selber brauchen Orientierungshilfen und Koordinaten, besonders in einer Gesellschaft, die ganz offensichtlich immer rat- und maßstabloser wird. Aber genau hier, mein Lieber, kann uns die besondere Arbeitsweise jenes besagten Sextanten weiterhelfen: Man muss ihn nämlich beim Messen sowohl auf den Horizont als auch auf den Himmel richten, sonst bekommt man keine gültigen Werte. Ein Faktor allein reicht nicht. Um sich und seine Position zu erkennen, gehört der Himmel dazu!«

Während ich weitersprach, zog Peter Horbach einen Druckbleistift aus der Jackentasche und machte sich Notizen. Die letzten ihn lobenden Gratulationssätze formulierte ich schon auf dem Weg zu ihm, herum um die große Tafel. Wir nahmen uns in die Arme, und die anderen applaudierten. Er blieb danach stehen, griff seinen Zettel mit der einen Hand, hakte mich mit der anderen unter und sagte zu uns allen: »So gute Worte und so viel Anerkennung habe ich im Grunde genommen nicht verdient, denn ich war zeitlebens ein prosaischer, ehrgeiziger, dem täglichen Dasein zugewandter Geschäftsmann. Zugegeben, oft zu einseitig, mit wenig Zeit für die Frage nach Himmel und Erde, dem Diesseits und Jenseits, aber«, und dabei lächelte er uns alle fröhlich an, »die Beziehungen nach oben, der zweiten, sozusagen der sextantischen Dimension, habe ich nie verloren, sondern immer gepflegt: Ich besitze ein harmonisches Verhältnis zu meinem Pfarrer und eine sehr enge, herzliche Verbindung zu meinem Bischof. Wir beide duzen uns sogar, denn vor vielen Jahren haben wir in der gleichen Schulbank gesessen und voneinander abgeschrieben.«

Es gibt Situationen, die überraschen uns unvermutet und hinterrücks. Das war so eine. Fast hielt ich den Atem an: Da hatte jemand den Anpeilpunkt verschoben, sozusagen eine Etage tiefer gezielt und meinen Hinweis auf das Absolute, Gültige und Ewige gleichgesetzt mit dem Irdischen und Vergänglichen. Bezugspunkte gegen Beziehungen ausgetauscht.

Ist so etwas, überlegte ich, eine Art Kurzschluss in unserem Kopf? Eine Fehlschaltung, die verhindert, dass wir aus dem Scheinfrieden unserer selbstgemachten Gerechtigkeit hinausgeraten? Unser Gewissen beruhigen, indem wir uns einreden, einer, der Theologie studiert und womöglich kirchliche Karriere gemacht hat, könne bei Gott bewirken, dass er, ganz gütiger Vater, beide Augen zukneift, Radiergummi und Schwamm in Tätigkeit treten lässt? So, als ob Gott unsere Beziehungen ansähe und nicht unser Herz? Wird die Gültigkeit unseres Lebens entschieden durch die Intensität unseres Verhältnisses zu Christen? Oder zu Christus?

Ich erinnere mich an ein Wort des Propheten Jesaja, das er seinen so denkenden Landsleuten in einer energischen Bußpredigt förmlich entgegenschleuderte: »Unter Gottes Fluch stehen alle, die sich mit ihrem Herzen von ihm abwenden und auf ihre eigene Tüchtigkeit, ihre eigenen Verdienste und auf die Hilfe vergänglicher Menschen bauen. Doch Segen soll über jeden kommen, der sich auf Gott verlässt und der allein auf ihn, den Herrn, sein Vertrauen setzt.«

Kurs klar?

Mit Sand gebaut

Als ich schwer atmend über die letzte Düne joggte, lag der Strand vor mir. Die Morgensonne brachte die kleinen, winzigen Quarzpartikel im Sand zum Leuchten, die schäumende Brandung rauschte im gleichmäßigen, geruhsamen Rhythmus an die bretonische Küste, die Luft war frisch und belebend, ein Morgen wie aus dem Bilderbuch der Schöpfung.

Nur an einer Stelle schien es, als habe in der Nacht ein Meteor eingeschlagen und ein kreisrundes Loch mit Wall hinterlassen. Aber als ich näherkam, sah ich, wie in geregelten Intervallen Material aus dem Krater geworfen wurde, und beim Hineinschauen entdeckte ich einen Urlauber in der Kuhle. Er hatte eine rote Kinderschaufel in der Hand und buddelte sich eifrig tiefer.

»Guten Morgen, Landsmann«, keuchte ich.

Er schaute erstaunt auf und fragte: »Woher wissen Sie, dass ich Deutscher bin?«

»Das sehe ich an Ihrem Bauwerk. Wir sind die einzige Nation, die Strandburgen baut, und ich finde, wir sollten das endlich zum Patent anmelden, bevor die anderen Völker anfangen, es uns ohne die geringste Lizenz-Zahlung nachzutun.«

Er sah mich mit seinem intelligenten Blick nachdenklich an: »Halten Sie mich für kindisch?«

»Nein, mir geht es genauso. Ich ertappe mich ständig in diesem inneren Zwang, mich mit irgendetwas zu beschäftigen, ein Programm zu machen, etwas Sichtbares zu tun, Resultate und Erfolgserlebnisse auch im Urlaub zu haben. Und im Übrigen ist es ja ein Urtrieb des Homo sapiens, sich ein schützendes Domizil zu schaffen und auf irgendeine Weise sein Revier zu markieren.«

Er lachte, griff hinter sich, hatte plötzlich zwei Bierdosen in der Hand, hielt mir eine entgegen und fragte: »Mögen Sie?«

Ich nickte, setzte mich neben ihn auf den Wall, und wir sahen auf die Fischerboote weit draußen, spürten den Wind auf der Haut und genossen den Morgen.

»Eigentlich bin ich verrückt«, unterbrach er das Schweigen. »Da freue ich mich auf den Urlaub, das Durchatmen, die Ruhe, dass alle äußeren und inneren Diktate sich auflösen in einer lockeren Entspannung, und kaum bin ich hier, fange ich an, etwas zu unternehmen, mir Arbeit zu verordnen. Drüben vor unserem Ferienhaus liegt meine Frau mit einem Buch in der Sonne und tut das, was ich eigentlich sollte, sie ruht sich ganz gelassen aus.«

»Meine auch«, sagte ich, »aber für uns Verrückte ist Urlaub, wie neulich einer geschrieben hat, die unveränderte Fortsetzung von Schaffensdrang und Stress in einem veränderten Umfeld.«

Wir nickten uns freundlich zu und ich setzte meinen Morgenlauf fort.

Das Wetter blieb den ganzen Tag so wundervoll, wie

es begonnen hatte, nur gegen Abend bildete sich weit im Westen über der offenen See ein Vorhang von aufgetürmten Wolken, die auf heftigen Wind und Regen hindeuteten.

Zwei Stunden nach Mitternacht, zusammen mit der auflaufenden Flut, war das Gewitter da. Mit peitschenden Regenschauern, die auf das Dach und gegen die Fenster trommelten. Mit Sturm, der heulend an den Bäumen und Büschen zerrte. Vierzig Minuten lang, dann kam das Unwetter außer Atem und verlor sich in der Stille der Nacht.

Am Morgen, als meine Frau und ich an den Strand gingen, war von dem Werk des fleißigen deutschen Meisters nur noch eine flache Mulde übrig, umringt von einer sanften, völlig verspülten Bodenwelle.

In fast allen Ostsee- und Nordsee-Badeorten gibt es jedes Jahr den obligatorischen Burgen-Wettbewerb, und die tüchtigen, begabten Repräsentanten unserer Nation wühlen und schuften, gestalten ganze Küsten förmlich neu. Kühne Phantasiegebilde, Kunstwerke und beeindruckende Monumente entstehen, und dann kommt der Wind, schleift die Konturen, ebnet ein, egalisiert. Und es kommt die Flut, ein wenig höher als sonst, weil Sturm sie auf den Strand treibt. Die Pracht ist dahin, vergänglich wie alles: Unsere Taten, unsere Erfolge, unsere Aktennotizen, unsere Anordnungen, unser Ansehen und unser Bekanntheitsgrad.

Einer der Männer aus der Bibel, Hiob, weise geworden durch eigene, bittere Erfahrung, kommt zu dem Schluss: »Was ihr mit aller eurer Intelligenz zu bedenken gebt, sind letztlich Sprüche aus Asche, und eure Bollwerke werden zu Lehmhaufen.«

Salomo, dieser so überaus tüchtige, kluge König des israelitischen Großreiches, kommt zur Erkenntnis: »Dem Erfolgreichen erscheinen alle seine Taten und Werke wie eine feste Burg mit einer hohen, stabilen Mauer, aber allein Gott, der Herr, ist der starke Turm! Wer sich zu ihm hinwendet, findet dort Bestand und sichere Geborgenheit.«

Ich schreibe diesen Artikel rechtzeitig vor Urlaubsbeginn mit der Empfehlung: Lassen Sie bitte in diesem Jahr die Sandschaufel (wofür sie auch immer als Synonym stehen mag) zu Hause.

Erstens wird damit Ihr Urlaubsgepäck leichter und zum Zweiten: Sie kommen dadurch womöglich und hoffentlich nicht in die Versuchung, Erholung durch Rastlosigkeit, Nachdenken durch Programme und Entspannung durch Atemlossein zu ersetzen. Sonst könnte es passieren, dass die schönsten Wochen des Jahres mit allen ihren substantiellen Möglichkeiten genauso flach und sandig werden wie der Strand, an dem Sie gerade liegen.

Stallgeruch

»Du, Karlheinz«, sagte mein Freund Johannes aus Mannheim am Telefon, »am Sonnabend will ich ins Simonswälder Tal. Wie siehst du die winterliche Lage oben im Schwarzwald? Du bist näher dran?«

»Du bekommst meine zuverlässige Prognose einschließlich Schneebericht, aber unter einer Bedingung«, antwortete ich ihm, »nämlich dass du wenigstens zu einer Tasse Kaffee kurz bei uns vorbeikommst.«

»Von Herzen«, rief er, »bis dann und tschüss.«

Es wurde ein fröhliches Wiedersehen, und als Johannes, sichtlich mit sich kämpfend, gerade das dritte Tortendreieck fixierte, hatte er eine Idee: »Wie wäre es, wenn wir zwei Männer zusammen in den Schwarzwald rauffahren? Es könnte für dich genauso interessant sein wie für mich. Du weißt, dass wir zu Hause eine Bauernuhr haben. Keine, die museumsreif und überaus wertvoll wäre, aber eine, die wir lieben. Und nun hat das Zifferblatt einen Riss bekommen, der sich kaum mehr reparieren lässt, aber dort oben gibt es einen, der macht in den Wintermonaten, ganz in der Tradition seiner Vorväter, aus altem Holz Zifferblätter, praktisch original und mit dem gleichen Rosen-Motiv wie eh und je. Nicht gerade billig, wie man mir sagte, aber dafür ist jedes

Stück ein absolutes Unikat. Das will ich mir ansehen. Vielleicht kann meiner armen Uhr geholfen werden.«

Ich zog kurz entschlossen meinen Mantel an, gab meiner Frau einen Reise-Abschiedskuss, und wir brausten mit seinem allradgetriebenen Geländewagen los.

Rund zweihundert Meter vor dem bewussten Gehöft mussten wir das Auto stehen lassen. Der Schnee wurde zu tief, und der Verlauf des Weges war nur durch Fußspuren markiert, mit dem Risiko, dass die Hofbewohner irgendwo geradlinig abgekürzt hatten und wir mit dem Auto im unsichtbaren Graben landeten.

In der Höhe von über achthundert Metern und am Nordhang war es empfindlich kalt, und als nach zweimaligem Rufen der Bauer aus dem Fenster schaute und uns das Zeichen gab, er käme, froren wir zwei spontan etwas weniger.

Er führte uns am Wohnhaus vorbei zu einem Seiteneingang.

Als wir eintraten, standen wir im Kuhstall. Die Wärme der Tiere schlug uns entgegen und zugleich der durchdringende, fast den Atem nehmende Geruch nach Mist, Kraftfutter und Ammoniak.

Es ging eine kleine Treppe empor, durch eine zweite Tür, und plötzlich standen wir im Wohnraum, zurückversetzt in die fast vergessenen Zeiten archaischer, Familien umschließender, Schutz gebender Wohnkultur des Schwarzwaldes. Halb in der Ecke ein großer Kachelofen mit Bank und schnurrender Katze. Darüber trocknende Wäsche. Am großen Tisch die Kinder, beschäftigt mit Schularbeiten. Auf dem Küchenherd dampfte aus einem Topf Suppe, aus dem anderen Knochenleim. Es roch nach Farbe, Klebstoff, Waschpulver, Gewürzen, Kohl, Bohnerwachs und noch immer, wenn auch reduziert, nach den methanhaltigen Abgasen der muhenden Wiederkäuer von nebenan.

Die Bäuerin kam auf uns zu, bot uns ein hochprozentiges Kirschwässerli an, und wir stellten fest, dass die ganze Familie aus netten, freundlichen, frohen Menschen bestand.

Johannes wurde mit dem Bauer über Größe, Ausführung sowie Preis des Zifferblattes einig, und nach fast herzlichem Abschied waren wir wieder im Kuhstall. Dann draußen in der Dämmerung.

Johannes sah mich von der Seite an und sagte: »Du, geht es dir auch so? Ich finde, hier draußen riecht es irgendwie komisch.«

Unter Lachen pflichtete ich ihm bei. Wir hatten uns in diesen rund dreißig Minuten an die abenteuerliche Komposition von Gerüchen gewöhnt, an die Düfte im Wohnzimmer und an den Gestank im Kuhstall. Die Normalität zwischen drinnen und draußen hatte sich verwischt.

Als wir mit dem Auto in die Winternacht fuhren, kam mir immer wieder das Wort »Stallgeruch« in den Sinn. Ich hörte es oft von Unternehmern und Managern, wenn sie über ihre Mitarbeiter sprachen. Stallgeruch sollten sie haben. Jeder zu den anderen passen. Akklimatisieren muss sich ein Neuer, die Gepflogenheiten, Denk- und Verhaltensweisen der bereits Vorhandenen übernehmen, damit harmonische Gemeinschaftlichkeit entsteht.

Das klingt gut, und es ist auch wichtig und richtig für Geborgenheitsgefühle, Solidarität, für das Vertrautsein mit Umgebung, Menschen und Verhältnissen, aber, überlegte ich, trug das nicht wie alles, was uns so wohl tut, zugleich auch eine große Gefahr in sich?

Das Risiko, über dem Innen das Außen nicht mehr objektiv wahrzunehmen? Die gegebenen Zustände als die Normalität zu empfinden?

Insidertum nennt man das. Diese heimelige, nette, herzerwärmende und weltentfremdende Atmosphäre, in der entstehender Mief von den Beteiligten leider allzu oft überhaupt nicht mehr wahrgenommen wird.

Es gibt Politiker, die keine Nase mehr für ihre Wähler haben. Gewerkschaftsfunktionäre, die nicht mehr die gleiche Luft atmen wie ihre Beitragszahler. Selbstsichere Firmenleitungen, die mit ihren einsamen, manchmal abgehobenen Top-Down-Beschlüssen ihren Mitarbeitern schon längst stinken. Ehemals dynamische Bewegungen, die so lange in geschlossener Einstimmigkeit Höhenklima erzeugt haben, dass sie inzwischen zu Organisationen degeneriert sind. Früher richtungsweisende Persönlichkeiten, die nur noch Standpunkte austauschen und heiße Luft umwälzen.

Kreative Querdenker, die entweder um des lieben Friedens willen beidrehen oder frustriert das Unternehmen wechseln. Zur Nachdenklichkeit fähige Menschen, die in dem überaus dünnen, dürftigen Mief der sogenannten öffentlichen Meinung inzwischen so wesens-, profil- und glaubenslos geworden sind, dass sie vor lauter Opportunismus kein Vorbild mehr sein können.

Und sie alle pflegen innerhalb ihresgleichen, hinter den Gartenzäunen und Mauern, einen vorbildlichen Stallgeruch.

Kann eine Gesellschaft so ihre Zukunft meistern? Kann einer so Persönlichkeit sein und bleiben? Kann einer von uns so ein vor Christus gültiges Leben führen?

Da griff sich Gott den Abraham und sagte ihm, er habe Großes mit ihm vor, Neues, Wegweisendes. Aber es gab eine Voraussetzung: Dieser Abraham sollte seine Heimat, seine Sippe, seine Freundschaften, alles mit dem vertrauten Stallgeruch, hinter sich lassen. Die heimelige Wärme der Gewöhnungen tauschen gegen die sauerstoffhaltige Frischluft des Wagnisses, die scheinbare Sicherheit des Vorhandenen gegen die Bereitschaft, sein Vertrauen in Gott und seine Zusagen zu investieren. Und damit wurde Abraham vom Insider zum Outsider, zum heute noch Ehrfurcht gebietenden Erzvater, weil er den Schritt wagte und nicht in und bei dem blieb, was ihm fünfundsiebzig Jahre lang Normalität, Denk- und Handlungsgewohnheit gewesen war.

Wie sagt man im Norden an der Waterkant? »Junge, wenn du ein Ziel erreichen willst, dann musst du die Nase in den Wind drehen.«

Allerdings: Dabei geht natürlich der liebe Stallgeruch verloren.

Die dritte Dimension

Auf dem Parkplatz stand eine stattliche Parade von Autos. An den vielen auswärtigen Nummernschildern konnte man sehen: Wilhelm Faber hatte auf überaus großzügige Weise zu einem runden Geburtstag eingeladen, Lieferanten, Kunden, Freunde.

Ich hakte meine Frau unter, und als wir durch die Drehtür des noblen Restaurants kamen, entdeckte uns Faber auf den ersten Blick. Mit weit ausgebreiteten Armen nahte er, zog uns an seine Brust, wo wir beide ohne bedrängende Mühe Platz fanden, und mit seiner tiefen Volltonstimme hieß er uns herzlich willkommen, gab meiner Frau zwei Küsschen und mir einen freundschaftlichen Klaps auf die Schulter, bugsierte uns quer durch den Raum zum Ober, der mit beneidenswerter Virtuosität auf einem Tablett die Aperitifs balancierte, drückte jedem ein Glas in die Hand und eilte wieder davon, sich um die nächsten Gäste zu kümmern. Aber schon halb im Weggehen wandte er sich noch einmal um. »Du«, sagte er zu mir, »ich habe kundtun lassen, dass ich keine großen, erhebenden Laudatien über mich möchte, es sei denn, du willst als Freund mir eine kleine Rede halten.«

»Ehrensache«, antwortete ich, »kurz, ergreifend und zwischen zwei Gängen.«

Im Festsaal hatten sie eine große Tafel gedeckt.

Alles stimmte, die Tischtücher, das Geschirr, die Servietten, Speisekarten, Blumen, Kerzen, vollendete Harmonie.

Die Quiche Lorraine als Vorspeise war vorzüglich, die Kräutercremesuppe ein Genuss.

Ich sah kurz hinüber zu Wilhelm Faber, signalisierte ihm durch Kopfnicken meine Redeabsicht, klopfte an mein Glas und erhob mich, würdigte seine Verdienste und seine Tüchtigkeit als ein mittelständischer Unternehmer, der seine Firma mit sicherer Hand, weisen Entscheidungen und Instinkt für Trends und Entwicklungen durch alle Konjunktursituationen gesteuert hatte. Ich lobte seine kluge Produktpolitik, seine Art, Mitarbeiter zu begeistern, und ich dankte ihm für unsere lange, tief gegründete Freundschaft und seinen Mut, auch als Unternehmer, Vorgesetzter, Auftraggeber und Konkurrent im Markt, zu jeder Zeit und in allen Situationen konsequent Christ zu sein.

Faber kam um den Tisch herum, nahm mich zum zweiten Mal an diesem Tag in die Arme, und als ich mich wieder setzte, voller Vorfreude auf die vielversprechenden nächsten Positionen der Speisekarte, hörte ich, wie ein weiterer Gast sich mit rhythmischen Messerschlägen an das Weinglas zu Wort meldete.

Ich kannte ihn nicht, aber er hatte eine sichere, routinierte Art zu formulieren, sein Wortschatz ließ auf großes Wissen schließen, und das hatte er auch.

Er begann mit einem Lob auf die Kräutercremesuppe, kam auf den Guide Michelin zu sprechen, von dort auf die Lage der deutschen Gastronomie, machte einen Abstecher in die Situation der Landwirtschaft, sprach über die Subventionspolitik der Europäischen Union, kam auf die Welternährungslage, die sieben oder acht Familien, die den Weltgetreidehandel kontrollieren, auf das nicht ausreichende Kartellrecht, und der eigentliche Zweck seiner Rede ging unter in dieser Flut von Worten und Gedanken, zusammen mit unserer Aufmerksamkeit und vor allem mit der Geduld des Chefkochs, der in immer kürzer werdenden Zeitabständen an der Saaltür erschien und optische Notsignale absetzte, weil ihm auf dem Herd das herrliche Menü zerkochte.

Wir waren einem weitschweifigen und ohne jedes Zeitgefühl handelnden Vielredner zum Opfer gefallen. Einem, der schon etwas zu sagen hatte, der es aber so lange, ausführlich und abschweifend tat, dass er nicht nur die schönen Speisen, sondern auch seine eigenen Worte wieder kaputtformulierte. Der die Substanz zuschüttete, so viel sagte, dass man sich hinterher nicht mehr an das erinnerte, was wesentlich hätte sein können. Seine Rede hatte eine beachtliche Länge und eine eminente Breite, aber ihr fehlte die dritte Dimension.

Da gibt es Verantwortliche, dachte ich, die hören sich so gern reden, dass alle Konferenzen und Gespräche zum Monolog werden. Da finden Fernsehdiskussionen statt, in denen das leere Stroh längst bekannter Ideen und Argumente immer wieder neu durchgedroschen wird, bis nur noch Langeweile übrig bleibt. Das Einzige, was sich ändert, sind die zunehmende

Lautstärke und die abnehmende Bereitschaft, andere ausreden zu lassen.

Da schreiben Journalisten unter Interesse weckenden Überschriften Alltäglichkeiten hin, und man bleibt genauso klug, wie man es vorher war. Hochstudierte blasen Fremdwörter und Fachformulierungen zu beeindruckenden Wortgebilden auf, hinter denen sich ihre Ratlosigkeit pompös versteckt.

Und selbst so manche Christen machen keine Ausnahme. In einem Seminar hatte ich neulich die Probe aufs Exempel gemacht: Jeder Teilnehmer sollte, ganz anonym, formulieren, wie er einem anderen Menschen den Sinn unseres Daseins erklären würde.

Bei einigen war Funkstille, weil sie es nicht schafften, ihre Erkenntnisinhalte in verständliche Worte umzusetzen. Die meisten anderen aber bestätigten die Regel, dass die Zahl der Sätze im umgekehrt proportionalen Verhältnis zu deren Inhalt steht.

Wir reden, reden und reden und sagen zu wenig.

Wir schreiben, schreiben und schreiben und vermitteln zu wenig, und in der Flut von Informationen und Kommunikation geht das Du verloren, der andere, der Mensch mit seinen Wünschen, Ängsten, Sehnsüchten und seinem Bedürfnis nach Orientierung, Sinn, Liebe und Angenommensein.

Da kamen die redegewandten, gebildeten Pharisäer zu Jesus Christus in der Absicht, eine hochtheologische Diskussion mit ihm zu führen, und Jesus holt sie mit einem einzigen Satz herunter auf den Boden des menschlich Notwendigen:

»Ich sage euch: Am Tag des Gerichts, wenn jeder sich vor Gott zu verantworten hat, muss er auch Rechenschaft geben über jedes unnütze Wort.«

Wie wäre es mit ein bisschen mehr Konzentration auf das Substantielle, damit wir endlich aufhören, mit unserem Ehepartner, unseren Kindern, unseren Freunden und Mitarbeitern vorwiegend zweidimensional zu reden? Wie wäre es mit ein bisschen mehr rhetorischer Deflationspolitik, damit wir mehr Raum bekommen für Tiefe?

Vergleichsverfahren

Schon zu Beginn der wöchentlichen Montagskonferenz bemerkte ich es, Martin Schubert war eine Laus über die Leber gelaufen. Er saß da mit einem verdüsterten Gesicht, beteiligte sich nur äußerst wortkarg an den Diskussionen und wirkte verkniffen.

Hatte er, dachte ich, über das Wochenende Krach gehabt? War ein Familienmitglied samt Haushaltskasse durchgebrannt? Oder hatte seine so attraktive Tochter ihm wieder einmal den jetzt absolut endgültigen, allerneuesten und unmöglichen Freund präsentiert? Eventuell sogar diesen überhaupt nicht zu ihr passenden Burschen, mit dem ich sie neulich sah?

»Martin Schubert«, sagte ich zu ihm, als wir das Sitzungszimmer verließen, »können wir beide uns noch einen Moment in meinem Büro unterhalten?« Er nickte, aber als ich meine Hand auf seine Schulter legte, senkte er sie, machte sie zur Rutschbahn, und ich ahnte: Seine sichtliche Verärgerung hatte etwas mit der Firma oder mit mir selbst zu tun.

Nachdem er sich eine Zigarette angebrannt hatte, sah er mich mit einem fast kampfbereiten Blick an und stieß förmlich heraus: »Ich bin sauer, stocksauer auf Sie und diesen Laden hier. Ich war am Freitag bei einer Sitzung in Hamburg, und als wir am Abend noch alle in einer Kneipe zusammensaßen, da hat mir Eugen

Grundmann von der Firma Hensold und Würz erzählt, was er verdient. Pro Jahr glatte zwanzigtausend mehr als ich, zwanzigtausend! Und da soll mir mein Job noch Freude machen?«

»Und was möchten Sie?«, fragte ich ihn.

»Gerechtigkeit«, sagte er, »ich will gerecht behandelt werden. Sie sollten sich das mal überlegen, oder ich tue es selber.«

Er stand auf, drückte seine Zigarette im Aschenbecher aus, ganz konzentriert, um nicht mich, sondern dieses Tun im Blick zu haben, dann ging er.

Ich ließ mich mit dem Chef von Eugen Grundmann verbinden. Wir kannten uns seit Jahren und hatten die Basis für ein offenes Wort.

Als ich ihm die Sache geschildert hatte, antwortete er: »Moment, ich greife mir eben die Unterlagen«, und als er zum Telefon zurückkam, erfuhr ich ganz persönlich und ganz vertraulich, was in seinem Haus die Leute der Grundmann-Kategorie verdienten, Endsumme, versteht sich.

Dann ging ich hinüber in Martin Schuberts Büro, setzte mich auf die Kante seines Schreibtisches und sagte: »Martin Schubert, Sie wollten Gerechtigkeit. Wenn ich die walten lasse, müsste ich Ihnen das Jahreseinkommen um fast genau dreitausend Mark reduzieren, denn um diese Summe liegt das Gehalt von Grundmann in Wahrheit unter Ihrem. Alles andere, was er Ihnen genannt und gesagt hat, war überaus großzügiges Anrechnen von Privilegien, die Sie auch haben, und es war Angeberei. Trotzdem, ich tue was für Sie, aber die zwanzigtausend, die er Ihnen einge-impft hat, sind nicht drin. Auf keinen Fall.«

Martin Schubert schüttelte missmutig den Kopf. Ich sah ihm an, die Unzufriedenheit hatte sich bereits ver-festigt, die Bitterkeit ihre Wurzeln geschlagen und Freude, idealistisches Engagement und Schwung wie mit fressendem Rost überzogen.

War es nicht, fiel mir ein, Sören Kierkegaard, der dänische Religionsphilosoph, der das Wort geprägt hatte: Alle Not kommt vom Vergleichen?

Ich möchte nicht wissen, wie viel Unzufriedenheit entsteht, weil die Aufschneider unter uns nicht aus-sterben und wir selber oft genug hochstapeln.

Ich möchte nicht wissen, wie viele defekte Bezie-hungen, auseinander gebrochene Zusammengehörig-keiten auf das Konto von angeberischen Behauptun-gen, großmundigen Formulierungen, unfundierten Gerüchten und ungeprüft geglaubten Behauptungen gehen. Verletzungen, die so lange wuchern und schwären, wie wir nicht die eigene Information, den objektiven Wahrheitsinhalt suchen.

Ich möchte nicht wissen, wie viele Menschen ein gestörtes Verhältnis zu Gott haben, weil sie versuchen, ihn mit dem zu vergleichen, was er in ihren eigenen Vorstellungen ist, wie er nach ihrem Modell zu sein und zu handeln hat.

Ich möchte nicht wissen, wie viele Menschen mit Jesus Christus nicht klarkommen, weil eine sogenann-te moderne Theologie in selbstzerstörerischer Über-heblichkeit den Wahrheitsgehalt der Evangelien historisch-kritisch an den Maßstäben ihrer eigenen Logik misst. Und so wird das kraftvolle, rettende, heilende, ermahnende und ewige Wort Gottes zur erbärmlich dünnen theologischen Wassersuppe. Und wir gleichen unseren Glauben daran ab, und viele gleichen ihn an.

Alle Not kommt vom Vergleichen. Mit dem, was die anderen haben, verdienen, bedeuten, denken, fühlen, glauben und tun.

Wir verlieren dabei unsere eigenen Überzeugungen, unsere Maßstäbe, die Freude und die Dankbarkeit gegenüber Gott für das, was wir selber sind und haben. So etwas vergiftet die Seele.

Genau aus dieser Erkenntnis heraus, aus der Problematik des Vergleichens, betet in der Bibel, im Alten Testament, ein weiser Mann:

»Gott, lass mich weder sehr arm, noch sehr reich werden. Denn wenn ich im Übermaß hätte, stünde ich in der Gefahr, das alles meiner eigenen Tüchtigkeit zuzuschreiben und dich darüber zu vergessen. Und wenn ich zu arm wäre, dann läge die Versuchung nahe, mich am Eigentum anderer zu vergreifen und damit deinem Namen Schande zu machen.«

Da sucht einer seinen eigenen, ihm angemessenen Weg. Nein, mehr: Er legt die Sache Gott als dem hin, der allein das richtige, für uns unschädliche Maß kennt – zwischen den beiden Außenpunkten des Selbstgefälligseins und der Unzufriedenheit. Denn wenn wir das nicht finden, mündet womöglich, wie oft genug in der Wirtschaftspraxis, das Vergleichsverfahren in den Konkurs.

Dunkler Fleck

Als das Flugzeug in Frankfurt am Terminal andockte, schaute ich aus dem Bordfenster. Es regnete in Strömen, ich war müde, und zweihundert Kilometer Autobahn lagen noch vor mir.

Ganz gegen meine Gewohnheit stellte ich mich auf dem Weg in die Halle B auf das Personen-Transportband. Sonst regten mich die Leute auf, die auf diesem Fortbewegungs-Instrument einfach stehen blieben und mir, dem notorisch Eiligen, den Weg blockierten; aber an diesem Abend tat ich es den anderen gleich, setzte meinen Koffer hin, stützte mich auf den sich mitbewegenden Handlauf, betrachtete die Gesichter der entgegenkommenden Fluggäste, und ganz plötzlich sah ich ihn mit seinem inzwischen älter gewordenen, aber unverändert markanten Gesicht, der quer über die linke Wange laufenden Narbe, die ihn kühn aussehen ließ: Bernhard Kowalski.

Vor vielen Jahren hatten wir in einem Hanseatischen Unternehmen Zimmer an Zimmer gearbeitet, uns prächtig verstanden, waren Freunde geworden, hatten uns dann aber berufsbedingt aus den Augen verloren.

»Hey Bernie!«, schrie ich quer durch die Geräusche des großen Flughafens, aber er hörte mich nicht.

Am Ende des Bandes machte ich eilig linksum kehrt

und lief den Weg zurück in der Hoffnung, ihn noch einzuholen, aber er war spurlos in der Menschenmenge verschwunden.

Wie es ihm wohl geht, dachte ich, als ich in der Tiefgarage in mein Auto stieg.

Was mochte er jetzt tun? In welcher Branche, bei welchem Unternehmen? Ob er Familie hatte und hoffentlich auch mit dem Geld auskam? Früher war er ständig knapp bei Kasse. Er verdiente gut, aber der Pegel seines Lebensstandards richtete sich wie bei kommunizierenden Röhren immer nach seinem Einkommen mit einer notorischen Differenz von rund zehn Prozent, und auf diese Weise war er immerzu pleite.

Ich erinnerte mich an ein Telefonat, das gerade für ihn kam, als ich in seinem Zimmer saß. Er meldete sich mit seiner forschen, kräftigen Stimme, wurde dann immer leiser, kleinlauter unter dem Stakkato, das aus dem Hörer durch den ganzen Raum tönte, und zum Schluss sagte er fast mit verzagtem Ton: »Ich verspreche Ihnen, ich bringe das wieder in Ordnung.«

Als er auflegte, sah ich ihn fragend an: »Der Boss?«

»Nein, zum Glück nicht, aber genauso schlimm.« Und dann erzählte er: »Du weißt ja, dass ich immer Geld brauche, und vor ein paar Wochen rief mich ein Kumpel an und fragte, ob wir uns mal schnell am Wochenende ein paar Hunderter verdienen wollten. Er kannte da einen, der sich sein feudales Wohnzimmer neu tapezieren lassen wollte, in Schwarzarbeit, aber da hatten wir keine Skrupel.

Wir sagten zu, besorgten uns den richtigen Klapptisch, große Schere, Leiter, alte Zeitungen, Quast und Eimer, alles, was man so braucht, und Sonnabend früh traten wir an mit der glaubwürdig vorgetragenen Zusicherung, der Hausherr habe es mit zwei absoluten Profis zu tun, er möge uns, bitteschön, nicht bei der Arbeit stören. Er ging dann auch.

Also, das muss ich ihm lassen«, sagte Bernie mit Anerkennung in der Stimme, »die Tapete war Spitzenklasse, schwer und gediegen. Wir rührten den Spezialkleister laut Gebrauchsanweisung in den Eimer, und während er quoll, nahmen wir Maß von der genauen Raumhöhe und schnitten die Bahnen exakt auf Länge im Voraus zu. Aber als wir anfingen zu kleben, kriegten wir einen eisigen Schrecken: Die Tapete hatte einen Rapport. Du weißt, was das ist? Die Muster gehen ineinander über, und das taten sie bei uns nicht. Und dann haben wir wie die Blöden gepuzzelt, aneinander gelegt, verglichen und geschnibbelt. So einigermaßen bekamen wir es hin, nur ein paar Quadratmeter fehlten, eben durch den Verschnitt. Aber wir wussten eine Lösung: Hinter dem riesengroßen Bücherschrank haben wir einfach frei gelassen, und alles sah zum Schluss recht gut aus. Der Hausherr war zufrieden, zahlte, und wir waren erleichtert.

Dann kam die Katastrophe: Gestern hat ihm seine Frau gesagt, eigentlich sei das Zimmer jetzt so schön, dass man es doch wagen sollte, die Möbel mal anders hinzustellen, dann sähe alles ganz neu aus, und sie haben geräumt, gerückt und geschoben, bis sie unsere

Schummelei hinter dem Schrank entdeckten. Deshalb hat er mich angerufen, angebrüllt. Er will, dass wir die ganze Arbeit noch mal machen, einschließlich Material auf unsere Kosten. Bei der teuren Tapete! Kannst du mir so eine Art Überbrückungskredit geben?«

Dieser Bernie, dachte ich, mit seinem Vertrauen erweckenden Gesicht, seiner überzeugenden Art zu reden, mit seinem sicheren Auftreten, hatte seine Tapeten-Defizite elegant versteckt und war doch aufgeflogen.

Wie viele Menschen um uns her gibt es wohl, ging es mir durch den Kopf, die uns so sehr beeindrucken, uns begeistern, und klammheimlich haben sie irgendwo die berüchtigte Leiche im Keller?

Nach außen hin sieht ihr Lebenskonzept klar, konsequent, sauber und logisch aus, und dahinter sitzen Ängste, Verletzungen, Empfindlichkeiten, Schuld, Einsamkeit und Ungeborgensein, kaschiert mit temporeicher Aktivität, kompensiert durch demonstrative Erfolge.

Wie oft begegnen mir Menschen, die den Sinn ihres Daseins und Gott verloren haben und deshalb krampfhaft versuchen, Halt an sich selber zu finden. Leben als Inhalt des Lebens, wie ein unendliches Vexierbild, das sich immer in sich selbst wiederholt.

Aber irgendwann kommt alles zutage.

Was sagt die Bibel im Hebräerbrief? »Kein Geschöpf ist vor Gott verborgen, sondern es ist alles bloß und aufgedeckt vor seinen Augen, vor ihm, dem wir Rechenschaft geben müssen.«

Abendsegen

Ich war noch einmal hinausgegangen aus dem klimatisierten Hotel in den sonnigen, warmen, samtenen Abend.

In einer Stunde hatte ich meinen Vortrag zu halten und es galt, mich darauf zu konzentrieren.

Drüben von der Kieler Förde tutete tief und platzheischend ein Dampfer, eine der großen, modernen Fähren nach Skandinavien. Ich sah ihr eine Weile nach, überlegte, wann und wo meine Frau und ich in diesem Jahr wohl Urlaub machen könnten, und plötzlich sprach mich jemand von der Seite an:

»Verzeihen Sie bitte, aber dürfte ich Ihre Aufmerksamkeit für einen Moment in Anspruch nehmen?«

Langsam wandte ich den Kopf, meinesgleichen neben mir vermutend, und mein Blick fiel auf einen dicken, an der Knopfleiste und den Revers schon stark ausgefransten Wintermantel, darüber tagealte Bartstoppeln und zwei wache Augen, die mich fragend musterten.

»Mein Name ist Rolf Behr«, sagte der Mann, »ich habe schon bessere Zeiten gesehen und bin kein Penner.« Er fasste in seine linke Innentasche: »Hier, sehen Sie diese Sonnenbrille, das ist ein Designermodell. Die hat keiner, der nur noch Wermut trinkt.«

Ich lächelte bei seinen Worten. Wie oft hatte ich das schon erlebt, wenn auch auf einem gesellschaftlich anderen Niveau, dass sich Leute gegenseitig ihre teuren Armbanduhren vorführten, ihre mehr oder weniger dezenten Automarken, ihre Begleiterinnen samt edlem Schmuck, um deutlich zu machen, wo sie sozial hingehörten. Der Nachweis von Rolf Behr fiel da erheblich bescheidener aus.

So reduzieren sich wohl, dachte ich, in bestimmten Phasen die Wertigkeiten, mit denen wir dokumentieren, wer wir sind. Oder eben auch, wer wir nicht sind. Aber das Prinzip bleibt das gleiche, letzten Endes hilflose.

»Wie sind Sie in diese Situation gekommen?«

»Ich war selbstständiger Kleinunternehmer mit einem festen Kundenstamm, verdiente gut, hatte ein Auto, eine Freundin, und dann machte eine große Kette in genau der gleichen Branche hier eine Filiale auf. Sie waren billiger als ich, wohl weil sie alles zentral einkauften und mit niedrigeren Kosten arbeiteten. Eines Tages war ich pleite. Geld weg, Kunden weg, Auto weg, Freundin weg. Keine Absicherung, weil ich immer gemeint hatte, das Geld könne man sich sparen. Das Endergebnis sehen Sie vor sich. Und auch dieses Geschäft läuft schlecht. Die meisten, die ich anspreche, sagen mir: ›Such dir eine Arbeit.‹ Oder: ›Geh zum Sozialamt.‹ Oder: ›Sorry, aber ich habe kein Geld‹, oder ›kein passendes Geld bei mir.‹

»Und was kann ich für Sie tun?«, fragte ich.

»Sie könnten mich durch eine kleine Spende in die

Lage versetzen, mir ein Abendessen zu kaufen. Es wäre dann auch die erste Mahlzeit heute.«

Ich griff in meine Jacke und stellte fest, meine Brieftasche steckte in meinem Reiseanzug, aber der hing oben auf meinem Zimmer.

Als ich es ihm sagte, wurde sein Gesicht traurig und enttäuscht.

Da hakte ich ihn unter, zeigte hinüber zum Hotel: »Kommen Sie mit, ich hole Geld.«

Unterwegs wollte er von mir wissen, wozu ich in der Stadt sei, und ich erzählte ihm, heute Abend würde ich als Christ einen Vortrag für Geschäftsleute, Opinion-Leaders, Verantwortungsträger halten, um deutlich zu machen, dass es in einem Leben auf mehr ankommt als auf Erfolg. Er hörte mir sehr genau zu und hatte eine Menge Fragen.

Der Portier, der mir vorhin bei meinem Eintreffen dienststeifrig die Eingangstür offen gehalten hatte, sah uns entgegen, irritiert, wie wir zwei Arm in Arm nahten, und als ich hineinging, rührte er, fast ratlos, keine Hand. Rolf Behr sah mir gespannt und misstrauisch hinterher.

Ich fuhr auf mein Zimmer, nahm einen der Lage angemessenen Geldschein und kehrte zurück. An der Rezeption und der goldbetressten Amtsperson in Grün vorbei ging ich zu dem schon fast vertraut gewordenen Wintermantel-Besitzer.

Rolf Behr strahlte mich an: »Ich habe nicht geglaubt, dass du wiederkommst. Ich dachte, du würdest die einmalig günstige Situation für einen eleganten Abgang nutzen.«

»Ich hatte es dir versprochen«, sagte ich und empfand das plötzliche Du zwischen uns absolut nicht als
etwas Fremdes.

Er nahm das Geld, steckte es sorgsam zu seiner
Sonnenbrille, breitete beide Hände aus, schloss mich
samt meinem dunkelblauen Gesellschaftsanzug in
seine Arme, und ohne dass ich auch nur einen Moment
zögerte, tat ich das Gleiche. Und dann sagte er mir:
»Mein Bruder, Gott segne dich.«

Von der Treppe aus winkte ich ihm noch einmal zu.

Der Portier war verschwunden. Er hatte sich ver-
drückt, um so dem Problem zu entgehen, ob er mir die
Tür vielleicht doch aufmachen sollte oder vielleicht
auch nicht.

Als ich in meinem Zimmer war, wurde mir klar: Ich
hatte soeben ganz real und handgreiflich eine Stelle
aus dem Neuen Testament erlebt, die ich schon so oft
ohne inneren Bezug gelesen hatte: »Was nützt es euch,
wenn ihr denen Gutes tut, die euch wiederum Gutes
tun? Ihr erzeugt damit doch nur einen wirkungslosen,
internen Kreislauf von Gefälligkeiten . . .

Die Reichen in dieser Welt sollen sich weder etwas auf
ihr Vermögen einbilden, noch sollen sie darauf vertrau-
en, sondern sie sollen alle ihre Zuversicht und Hoffnung
auf Gott setzen, damit sie Gutes tun, reich werden an
guten Taten, gern geben, behilflich sein und sich damit
einen Schatz sammeln als Grundlage für die Zukunft,
damit sie das wahre, das wirkliche Leben ergreifen.«

Liegt darin vielleicht der Unterschied zwischen arm
und armselig?

Arm ist einer, der nichts hat; armselig ist einer, der nichts gibt.

Arm ist einer, dessen Geldbörse, armselig einer, dessen Herz leer ist.

Arm ist einer, der niemanden hat, der ihn segnet; armselig ist einer, der keinen hat, den er selber segnet.

Nachdenk-Offerte

So müde und erschöpft hatte ich meinen Kollegen Weber noch nie gesehen, wenn er in mein Büro kam.

Mit einem Ächzen ließ er sich auf den Besuchersessel fallen, und das nicht gerade schwach gebaute Sitzmöbel reagierte hörbar in gleicher Weise.

»Gibt es einen Kaffee bei Ihnen?«, fragte er und brannte sich eine Zigarette an. Ich nickte, und als ich ihn freundlich anlachte, entspannte sich sein Gesicht ein wenig. Ich schwieg und wartete. Eine ganze Zigarette lang fiel zwischen uns kein Wort.

Er nahm meinen großen, gläsernen Aschenbecher in die Hände, wog ihn förmlich ab, und fast zögernd, als suche er einen Anfang, sagte er: »Ein schönes Stück, massiv, schwer, gediegen, so richtig männlich, gefällt mir.«

»Meine Frau«, antwortete ich, »hat ihn mir mal ganz spontan geschenkt, weil sie ihn auch auf den ersten Blick mochte.« Weber sah mich an: »Ich habe Trouble. Nicht geschäftlich, da läuft alles bestens. Zu Hause. Sie kennen das: zu wenig Zeit für die Frau. Die Kinder sehe ich kaum noch und wenn, sagen sie, bin ich immer geistig abwesend und müde. Sie haben ja Recht, ich weiß das schon lange. Aber so richtig klar geworden ist mir das heute Morgen beim Frühstück. Ich fing plötzlich bewusst an zuzuhören, was meine Frau und ich miteinander reden. Es ist nur noch Alltägliches. Unsere einzige Gemeinsamkeit scheint zu sein, dass wir uns darüber aufregen, wie egoistisch und perspektivlos unsere heutige Zeit ist. Und als ich dann noch versucht habe, ihr mit aller Diplomatie beizubringen, dass ich über das Wochenende ausländische Gäste betreuen muss, hat sie angefangen zu weinen. Keinen Vorwurf, kein Wort, nur diese Tränen, gegen die alle Argumente kraftlos sind. Das hat mich richtig fertig gemacht.

Da bringt man uns in Seminaren bei, wie man ein guter Redner wird, ein exzellenter Verkäufer, ein erfolgreicher Problemlöser und ein tüchtiger Manager. Ich habe gelernt, wie man sinnvoll und verantwortlich mit Geld, Zeit und Rohstoffen umgeht, aber nicht mit meiner Frau, nicht mit meinen Kindern, und«, er stockte einen Augenblick, »wohl auch letztlich nicht mit meinem Leben. Vielleicht sind meine Prioritäten falsch. Am liebsten würde ich mal eine Woche lang in ein Kloster gehen und Bilanz machen.«

»Und Ihre Frau?«, fragte ich. »Meinen Sie wirklich, dass Sie die Frage nach den Prioritäten und dem Sinn Ihres Lebens ohne Ihre Frau lösen können? Leiden unsere Ehen nicht gerade daran, dass der andere sich zu oft ausgesperrt vorkommt?«

Als Weber gegangen war, stand ich lange am Fenster meines Büros und dachte nach.

Wir Manager leben in einem ständigen Interessenkonflikt zwischen Beruf und Familie. Wofür wir uns auch immer entscheiden, es wird zu Lasten des anderen gehen. Aber ist das ein Grund, ist das Legitimation, sich immer mehr aus dem Dialog mit dem Ehepartner oder mit den Kindern zurückzuziehen? Dort, wo das Gespräch abreißt, erstirbt die Beziehung und mit ihr mehr und mehr die Liebe.

Wenn wir es akzeptieren, ging es mir durch den Kopf, dass wir alle aus Körper, Seele und Geist bestehen, dann müsste doch wohl auch die schönste und innigste Form menschlichen Zusammenlebens diese drei Faktoren umfassen. Das Körperliche, das Seelische und das Metaphysische, Spirituelle.

Im Körperlichen die Sexualität. Im Seelischen unsere Gefühle, die Liebe, das gegenseitige Glücklichmachen. Und im Spirituellen das, was einer der Kirchenväter einmal so beschrieben hat: »Der letzte Sinn der Ehe liegt nicht in ihr selbst. Er liegt darin, einander zu helfen, zu Gott zu finden.«

Brauchen mein Kollege Weber und Karlheinz Binder eine erneuerte Sicht der Dinge?

Mittelstürmer

»Chef«, rief meine Sekretärin ganz aufgeregt mitten im Diktat, »da kommt er!«

»Wer kommt?«, fragte ich.

Sie deutete aus dem Fenster: »Der Flieger mit der Gratulation für Max Rade.«

Ich sah hinaus. Draußen brummte eine einmotorige Piper vorbei, und sie zog ein Banner hinter sich her: »Glückwunsch an Max Rade.«

»Das haben sich seine Mitarbeiter ausgedacht als Gratulation zum 25. Dienstjubiläum. Ich finde, es ist wirklich was Besonderes«, sagte meine Sekretärin mit Anerkennung in der Stimme, und ich pflichtete uneingeschränkt bei.

Die Feier des Ereignisses im Kreis der Geschäftsleitung fand mit einem festlichen Essen im Kasino statt.

Der Chef hatte es sich nicht nehmen lassen, die Laudatio selber zu halten, und er würdigte mit sehr persönlichen, warmherzigen Worten Umsicht, Intelligenz, Tüchtigkeit, das Wesen und die Erfolge von Max Rade. »Er ist«, so der Chef, »wie ein erstklassiger Fußballspieler. Ganz gleich, aus welcher Situation heraus man ihn anspielen will, er steht immer genau richtig, überblickt die Lage, ist einsatzbereit und schießt das Tor. Da gibt es kein Zögern, kein ratloses

Dribbeln, keine falschen Vorlagen, was immer er tut, es stimmt. Und dass wir in die Oberliga unserer Branche aufgestiegen sind, ist zu einem ganz erheblichen Teil sein Verdienst.«

Ich sah zu Rade hinüber. Er spürte meinen Blick, wandte den Kopf zu mir, und in seinen strahlenden Augen sah ich Rührung und Stolz, aber eben genau in jenem Maß, das den Klugen von einem Eingebildeten unterscheidet.

Nachdem der Chef unter großem Beifall seine Rede beendet und man uns den Nachtisch serviert hatte, ging ich zu Rade und sagte: »Wenn es jemanden gibt, der solch ein Lob vom allerhöchsten Chef verdient hat, dann Sie!«

Er stand auf, lachte mich an: »Danke, dass ich das gerade von Ihnen höre, denn ich schätze Ihr Urteil besonders.«

Wir sahen uns gegenseitig ruhig und lange in die Augen und wussten, in diesem Moment waren wir endgültig Freunde geworden.

Er ist schon ein ungewöhnlicher Mensch, dieser Max Rade, dachte ich. Gut für Höchstleistungen, medaillenverdächtig. Blitzschnell im Erfassen von Situationen und Chancen. Klar und nüchtern in seinem Urteil und dabei niemals überheblich. Eigentlich die Idealfigur eines Managers mit allen Begabungen und Fähigkeiten, die dazugehören. Oder, überlegte ich, war da nicht doch noch ein Faktor, den wir so oft vergessen, weil er uns für Berufsleben, Erfolg und Wohlstand nicht relevant erscheint?

»Worin besteht für Sie der Sinn des Lebens?«, hatte kürzlich eine große Wirtschaftszeitung einen bekannten Unternehmer in Deutschland gefragt. Und er antwortete: »Sinnvoll zu leben, heißt Verantwortung und Vergnügen im Gleichgewicht zu halten. Der Mensch lebt nicht vom Brot allein, ich halte außerdem Kultur für lebenswichtig. Ich hoffe, dass ich im Rahmen meiner Möglichkeiten mein Bestes gegeben habe. Ich möchte mit mir zufrieden sein und fände es schön, wenn andere das auch sind.«

Aber ganz gründlich, ganz nachdenklich, ganz ehrlich: Reicht das? Reicht es, tüchtig und überaus erfolgreich gewesen zu sein? Reicht es, als ein idealistischer, großzügiger Zeitgenosse gelebt zu haben? Reicht es, dass wir und die anderen mit unserer Person zufrieden sind?

Da steht im Alten Testament ein Satz wie Schmirgelpapier auf der hochglanzpolierten Oberfläche unseres Selbstverständnisses: »Wenn einer zwar weiß, dass da ein Gott ist, ein Gott, der Herr über uns und unser Leben sein will, und sich dennoch selbst beruhigt und sagt: ›Es geht mir gut, und ich lebe auch im Frieden mit mir selbst‹, dem wird Gott nicht gnädig sein!«

Braucht es vielleicht doch mehr als die Anerkennung der anderen Menschen und die große, ehrende Laudatio vom Chef?

Rückstellungsposten

»Gibt es bei Ihnen eine schöne Tasse Kaffee?«, fragte Hugo Winkelmann, der Buchhaltungschef, als er sich mir gegenüber seufzend niederließ: »Die kalte Jahreszeit so kurz vor Weihnachten ist partout nichts für mich. Dann meldet sich mein Ischias regelmäßig zurück und erinnert mich daran, dass ich ein vergängliches, schwaches Wesen bin.« Ich blickte lachend auf seine stattlichen neunzig Kilo.

Winkelmann zündete sich eine seiner kostbaren Zigarren an, und ich wusste, wenn ich heute nach Hause kam, würde meine Frau spontan wissen, mit wem ich eine Besprechung gehabt hatte, denn den edlen, unverwechselbaren Duft dieser Seelentröster nahm jeder der Beteiligten in der Kleidung mit.

Nach der üblichen Vorrede, wie es denn bitteschön ginge, und, in diesem speziellen Fall jahreszeitlich bedingt, mit der Frage, ob denn alle Geschenke für das Fest schon gekauft seien und wie es denn stünde mit den ganz persönlichen Plänen und Vorhaben für die bevorstehenden neuen zwölf Monate, kam Hugo Winkelmann zur Sache:

»Sie haben mich neulich informiert«, sagte er, »dass Sie die Absicht haben, aus der Konkursmasse von H&G Maschinen zurückzukaufen. Was schätzen Sie, um welchen Betrag sich das ungefähr handeln wird?

Ich möchte nämlich in der Bilanz zum 31. 12. eine entsprechende Rückstellung machen.«

»Ganz nüchtern und realistisch so rund zweieinhalb Millionen«, antwortete ich.

Winkelmann nickte, machte sich eine kurze Notiz, wir unterhielten uns noch weiter über das Geschäft, die Märkte, die Zukunftsprognosen, bis seine Zigarre zu Ende war, dann gaben wir uns die Hand, und er ging.

Meine Sekretärin kam durch die nur angelehnte Vorzimmertür in mein Büro: »Chef, ganz ungewollt habe ich das eben mitbekommen, und auch wenn Sie mich für ungebildet halten, könnten Sie mir das mal erklären, mit den Rückstellungen?«

»Also«, holte ich tief Luft, »in den Lehrbüchern steht, dass Rückstellungen Positionen sind, die zu Verbindlichkeiten führen.

Im Klartext: Die Maschinen wollen wir haben, das ist beschlossen, und mit H&G und dem Konkursverwalter ist das auch generell vereinbart, nur der endgültige Kaufpreis liegt noch nicht fest, und bis das der Fall ist, wird es Anfang Januar. Damit werden die schätzungsweise zweieinhalb Millionen erst im nächsten Jahr fällig. Weil wir aber ein gutes Geschäftsergebnis haben und praktisch auch schon in der Pflicht stehen, nehmen wir das Geld sinnbildlich auch schon jetzt aus der Kasse, buchen es ein, und wenn wir dann im Januar bezahlen, lösen wir diese Rückstellung wieder auf. Damit geht das Geld in diesem Jahr quasi aus dem Gewinn und nicht erst im nächsten.«

»Aha«, meinte sie und verschwand wieder in ihrem Zimmer.

Ich sah ihr hinterher und dachte noch einmal über mein Gespräch mit Hugo Winkelmann nach. Wie es denn mit meinen persönlichen Plänen für das kommende Jahr aussähe, hatte er mich gefragt. Und er meinte wohl damit all die guten, oder wenigstens gut gemeinten Vorsätze. Die Absicht, noch gerechter, besser, verständnisvoller, gewissenhafter, nachdenklicher, liebevoller, zugewandter, gegenwärtiger zu werden und zu sein. Das immer wieder defizitäre Leben einer gründlichen Inventur zu unterziehen, Bilanz zu machen.

Wie steht es mit den nur halbherzig oder überhaupt nicht eingelösten Versprechungen und Verpflichtungen gegenüber der Ehefrau, den Kindern, den Mitarbeitern? Mit meiner Wahrhaftigkeit, meiner Moral, meinem Glaubwürdigsein? – Und, dachte ich weiter, was ist eigentlich mit meinen stillen, heimlichen oder laut gesprochenen Gelübden? Abgelegt in schwierigen, notvollen Situationen, mitten in der Klemme sitzend. Gelübde, die immer die gleichen Worte als Anfang haben: Gott, wenn du mir hier raushilfst, dann . . .

Sind solche Formulierungen nicht auch so etwas wie gültige Verträge? Eingegangene Bindungen?

»Wenn du Gott, dem Herrn, etwas versprichst, dann musst du es erfüllen, sonst wirst du Schuld auf dich laden. Gott nimmt dich beim Wort. Er hat nicht verlangt, dass du ihm etwas gelobst, aber wenn du es getan hast, dann musst du es auch halten.«

So steht es in der Bibel.

Könnte es sein, dass alle meine Zusagen gegenüber Gott auch so eine Art Rückstellungsposition für eingegangene Verbindlichkeiten sind? Ich stehe im Obligo und habe es zu erfüllen, aber ich schiebe die Zahlung ins nächste, ins übernächste und von dort wieder ins nächste Jahr, vielleicht ein ganzes Leben lang?

Sollte ich vielleicht die stillen Tage zwischen Weihnachten und Neujahr zum Anlass nehmen, auch darüber einmal nachzusinnen?

Prüfungsfragen

»Wären Sie bereit«, fragte der Seminar-Leiter am Telefon, »vor meinen Studenten in einer Abendveranstaltung einen Vortrag über Wirtschaftsethik zu halten? Sozusagen als einer vor Ort, der immer wieder mit diesem Thema in der Praxis konfrontiert ist? Und anschließend soll es dann eine Diskussion geben.«

Ich überlegte einen Augenblick und sagte zu.

Als ich zwei Wochen danach in den Hörsaal kam, war ich überrascht, wie viele junge Menschen sich da zusammengefunden hatten.

Der Leiter des Abends stellte mich vor, nannte noch einmal Ziel und Thema, und als ich dann hinter dem Pult stand, die ersten Sätze sprach, ließ ich meinen Blick durch die hintereinander aufsteigenden Bankreihen wandern, betrachtete die Gesichter. Manche sichtlich bereit, erst einmal zuzuhören und die innere Einstellung abzuklären. Andere abwägend, kritisch, ganz offenbar geprägt durch die Frage, ob es denn überhaupt möglich ist, Geschäftsmann und Christ zugleich zu sein.

Bei einzelnen Passagen bemerkte ich Nicken, bei anderen Kopfwiegen. Wie immer, sie waren nicht nur interessiert, sondern in der dann folgenden Diskussion auch äußerst engagiert.

Die Fragen kamen gezielt, ohne Umschweife und

Verbrämungen und so gestellt, dass es unmöglich war, die bequemen rhetorischen Hintertürchen zu benutzen. Ich war auf dem Prüfstand. Mit meinen Überzeugungen, meinem Tun und Wollen, mit meinem Christsein. Schon fast wie in einem Separationsprozess, wo sich Gemeintes von Überzeugungen, schöne Redewendungen von Wahrhaftigkeit, Theorie von Praxis und guter Vorsatz von Gelebtem trennt.

Es ist unbequem und tut gut, dachte ich, sich zu stellen. Das schafft ein Stück Selbsterkenntnis, manchmal schmerzhaft, aber heilsam.

Es wurde spät, bis der Leiter das Schlusswort sprach, und als ich meinen Aktenkoffer zuklappte, kamen einige der jungen Leute zu mir nach vorn und fragten, ob ich noch etwas Zeit hätte? Zum Ersten für ein Bier und zweitens, das Thema fortzusetzen.

Ich nickte. Wir gingen quer über die Straße in eine nette Kneipe, hockten uns um einen wohldimensionierten Tisch, und unter gegenseitigem Zuprosten vertieften wir uns erneut in die Frage, wie denn eine Ethik für das Geschäftsleben zu formulieren und zu praktizieren sei.

Einer fragte mich: »Sie haben vorhin gesagt, dass Sie als Manager die Bibel ernst nehmen, aus ihr Lebensanweisung beziehen. O.k., das ist eine klare Linie, aber wer kennt dieses Buch denn noch in der heutigen Zeit? Ich nicht, und die meisten von uns hier wohl auch nicht.«

»Und warum lest ihr jungen Menschen nicht mehr in der Bibel?«, forschte ich. Er dachte eine ganze Weile nach und sagte dann: »Ich meine, es liegt wohl daran, dass ich nie einem gestandenen Erwachsenen begegnet bin, der das selber macht.«

Da hatte ich ihn, den Schwarzen Peter: Anfrage an mich und meine Generation, die es in ihrem Beschäftigtsein mit sich, ihrer Arbeit und ihrer Welt einfach nicht mehr wahrnimmt, dass sie, genau wie ich vorhin im Hörsaal, unablässig im Blickfeld der Jungen steht. Handlungsvorlagen liefert, sowohl im Guten, als auch im Schlechten.

Wir sind groß, ging es mir durch den Kopf, wir sind groß mit der Formulierung, in dieser unmoralisch gewordenen Gesellschaft ginge es so nicht weiter. Aber zugleich erweisen wir uns als unfähig, Werte vorzuleben.

Wir sind Meister in von wohlklingenden Unverbindlichkeiten und zu feige, mit klaren, ungedrechselten Sätzen öffentlich Stellung zu beziehen. Kaum einer ist noch bereit, Werte und Überzeugungen zu vertreten, Wegzeichen und Markierungen zu setzen und sich dafür als konservativ, autoritär, biedermeierlich und, neuerdings mit hinterhältiger Bösartigkeit, als fundamentalistisch beschimpfen zu lassen.

Aber wie, frage ich mich, sollen denn die Ratlosen, die Suchenden, überhaupt noch gültige, durchtragende Antworten finden?

In Amerika, so stand es vor einigen Monaten in der Presse, beschließen immer mehr Jugendliche, unberührt in die Ehe zu gehen, weil sie begreifen, dass Liebe mehr ist als nur Sexualität; dass möglichst viele

Erfahrungen mit möglichst vielen Partnern Erwartungsmodelle aufbauen, die derjenige niemals erfüllen kann, den man eines Tages heiratet; dass immer wieder wechselnde Sexualverhältnisse die Bindungsfähigkeit und die Bereitschaft zum gemeinsamen Durchtragen und Durchstehen drastisch reduzieren.

Wir haben, so formulierten es junge Menschen in einer Meinungsbefragung, die Nase voll von dieser Orientierungslosigkeit in unserer heutigen Gesellschaft. Wir wollen endlich Richtlinien, Grenzmarkierungen, Inhalte, an denen wir unser Leben und unser Verhalten ausrichten können. Wo sind die Opinion-Leaders, die mutigen, konsequenten Vorbilder?

Wo sind die Leute, die nicht nur über Ethik philosophieren, sondern die moralisch leben?

Wo sind die Menschen, die sich nicht nur Christen nennen?

Wo sind die gestandenen Erwachsenen, an denen dieser intelligente Student erleben kann, dass die Bibel Botschaft Gottes und Gebrauchsanweisung für ein erfülltes Dasein ist?

Vertragsloser Zustand

»Hallo«, sagte eine Stimme hinter mir, mitten aus dem Lärm der Get-together-Party, und eine Hand legte sich auf meine Schulter.

Ich drehte mich angemessen langsam um, damit mein Bier nicht überschwappte, und blickte in das lachende Gesicht von Bernhard Klasen.

»Schön, Sie endlich mal wieder richtig zu sehen«, ergänzte er. Ich hob mein Glas, stieß es gegen das seine, sagte »Cheerio«, und wir machten einen tiefen Zug, drängelten uns durch die vielen eifrig redenden Menschen in eine ruhigere Ecke und gaben uns die Hand.

Ich freute mich von Herzen über das Wiedersehen, denn wir hatten uns in den letzten Jahren ein wenig aus den Augen verloren.

Ab und zu kam es zwar zu Kontakten, aber sie waren immer unter Zeitdruck oder situationsbedingt auf Distanz, und dabei gab es eine Frage, die ich Klasen stellen wollte, ganz persönlich, unter vier Augen.

Der Anlass lag jetzt rund fünf Jahre zurück: Wir saßen uns bei einer Verbandstagung genau diagonal gegenüber, und das Thema, um das es ging, war schwierig. Es war beschlossen worden, Grundsätze und Richtlinien für die Mitglieder zu formulieren, sie für allgemeinverbindlich zu erklären und beim Kartellamt eintragen zu lassen. Wir waren uns alle darüber klar: Das würde ein schwerer, langer Marsch durch die Instanzen, und Bernhard Klasen sah in die Runde, gab ein eindrucksvolles Seufzen von sich und sagte: »Ich bin jetzt über fünfzig, gebe es Gott, dass ich das noch erlebe.« Wir alle lachten, und ich rief ihm zu: »Machen Sie doch mit Gott einen Vertrag, dass er Sie so lange leben lässt, bis wir unsere Richtlinien unter Dach und Fach haben. Das sichert Ihnen ganz bestimmt ein hohes Alter«, und Klasen sah mich plötzlich ernst an und antwortete: »An meinem Vertrag mit Gott formuliere ich schon seit zwanzig Jahren, aber . . .«, hier brach er seinen Satz ab, schaute intensiv in seine Unterlagen und sagte kein einziges Wort mehr. Selbst jetzt, fünf Jahre danach, erinnere ich mich noch sehr genau an den Ausdruck von Betroffensein und Verlegenheit in seinem Gesicht.

Ich sah Bernhard Klasen an und fragte ihn: »Denken Sie auch noch manchmal zurück an die Sitzung in Frankfurt, als es damals um die Verbands-Richtlinien beim Kartellamt ging?« Er nickte. »Und wie steht es um Ihren Vertrag mit Gott? Ist er fertig? Unterschrieben?«, forschte ich weiter.

Und wieder senkte er seinen Blick, genau wie damals. Er las sehr intensiv den Werbespruch der Brauerei auf der Umrandung seines Bierfilzes und drehte ihn dabei langsam um 360 Grad.

Ich wartete und sah ihn schweigend an, denn genau das war die Sache, über die ich schon lange mit ihm reden wollte. Mich interessierte die Antwort. Ich war gespannt: Wie geht einer mit der Frage nach Gott um, wenn er schon seit so vielen Jahren ganz dicht daran ist?

»Also das mit dem Vertrag«, sagte Klasen nach einer ganzen Weile, und er suchte dabei hörbar nach Worten, »das mit dem Vertrag liegt nicht so einfach, wie Sie das vielleicht sehen. Wenn zwei miteinander Vereinbarungen treffen, dann verpflichten sie sich ja zu bestimmten gegenseitigen Verhaltensweisen, und sie binden sich für eine definitive Situation oder in einer ausdrücklich formulierten Angelegenheit, und das hat Auswirkungen und Folgen sachlicher und juristischer Art.«

Als er merkte, dass ich ihm gespannt zuhörte, wurde sein Redefluss dichter, schneller, und dann hielt er mir rund zehn Minuten lang einen brillanten Vortrag über allgemeines und spezielles Vertragsrecht, so gewandt, so klug und so kompliziert, dass er sich dahinter verstecken konnte. Solange er redete, fühlte er sich sicher. Und in mein Luftholen zu einer Antwort hinein sagte er: »Ich habe viel zu lange geredet, meine Leute warten auf mich, bis nachher.« Und fort war er.

Was sind wir nur für Menschen, dachte ich. Voller Wissen und unfähig zur Antwort.

Da bietet Gott im Alten Testament den Menschen sieben Mal ein Bündnis an. Er macht damit ein Friedens- und Rettungsangebot, aber es bleibt einseitig, weil die Menschen viel zu sehr mit sich und ihrem Wohlstand beschäftigt sind, und selbst die schon fast flehentliche Ermahnung Gottes: »Hört doch, kommt zu mir. Hört auf mich, dann werdet ihr leben! Ich will mit euch einen unauflöslichen Bund schließen«, verliert sich ohne Echo.

Da formuliert so mancher von uns Jahr um Jahr an seinem Vertrag mit Gott herum und begreift nicht, dass mit Jesus Christus, als dem sichtbar und erlebbar gewordenen achten Angebot Gottes, der endgültige Schlusspunkt unter den Vertragstext gesetzt ist. Es geht nur noch darum, ihn anzunehmen oder abzulehnen. Das aber zu tun ist die freie, alleinige Entscheidung von uns Menschen, denn Gott vergewaltigt nicht. Wie gern hätte ich Bernhard Klasen gesagt, was Paulus in dieser Frage an die Römer schrieb, als er ihnen schilderte, was genau besagte Auswirkungen und Folgen sachlicher, juristischer und persönlicher Art sind, wenn einer sich auf Jesus einlässt:

»Ich habe die Gewissheit«, so formulierte Paulus, »dass uns dann nichts mehr von Gottes Liebe trennen kann. Weder Tod noch Leben, nichts Gegenwärtiges oder Zukünftiges, weder etwas im Himmel noch in der Hölle. Durch Jesus Christus, unseren Herrn, hat Gott uns seine Liebe geschenkt. Und darum gibt es in der ganzen Welt nichts, was uns jemals von der Liebe Gottes trennen kann.«